„Sardinien ist ganz anders. Man hat hier ein Gefühl von Weiträumigkeit … es ist wie die Freiheit selber."

D. H. Lawrence (1885–1930)

*Der Autor **Peter Höh** reist schon seit 1995 meist mehrfach pro Jahr nach Sardinien. Heute hat er in allen Ecken der Insel Freunde und Bekannte – das macht das Reisen auf Sardinien natürlich noch erlebnisreicher.*

*Die Fotografen **Christina Anzenberger-Fink** und **Toni Anzenberger** fotografieren bevorzugt in ihrer österreichischen Heimat oder in Italien. Nach Sardinien reisen sie seit Jahren immer wieder und haben hier neue Freunde gefunden.*

Liebe Leserinnen, liebe Leser!

Für mich ist Sardinien die reizvollste Mittelmeerinsel. Warum? Wegen der grandiosen Landschaft, der geglückten Verbindung von Meer und Bergen, ja, aber damit können andere Inselziele auch aufwarten. Wegen stiller abgeschiedener Dörfer oder der exklusivsten Küste Europas, der Costa Smeralda? Nicht unbedingt. Mich fasziniert Sardinien wegen der einmaligen Strände: Stille Buchten, mal mit herrlichem feinen Sand, mal mit hellem Kies oder auch mit Steinen durchsetzt und davor ein glasklares Meer. Schöner geht nicht, jedenfalls nicht in Europa …

Herzliche Begegnungen

Die schönsten Strände stellt Ihnen Peter Höh auf S. 50 vor, und Christina Anzenberger-Fink und ihr Mann Toni Anzenberger haben sie in faszinierenden Bildern festgehalten. Übrigens schwärmen alle drei in höchsten Tönen von der Insel, auch weil das Reisen hier so angenehm ist. Zwar ist die Größe Sardiniens mit der von Sizilien vergleichbar, doch leben auf Sardinien nur ca. 1,6 Mio. Menschen, während Sizilien immerhin 5 Mio. Bewohner hat. Da können manchmal Stunden vergehen, bis man im grünen Hinterland einem Menschen begegnet. Wenn dann aber endlich mal wieder jemand auftaucht, so darf man sich auf entspannte freundliche Begegnungen freuen. Immer wieder wird man mit der legendären sardischen Gastfreundschaft konfrontiert. Toni Anzenberger berichtete mir, dass sie häufig während ihres dreimonatigen Aufenthaltes aufs Herzlichste eingeladen wurden, mal nur auf einen Drink in der Bar, mal aber auch gleich zu einem Familienfest mit Picknick in der Natur.

Feiern unter freiem Himmel

Wem das nicht vergönnt ist, der lernt die Freundlichkeit und Herzlichkeit der Sarden, ebenso wie die hervorragende Küche bei einem der Inselfeste kennen. Der Festtagskalender listet nicht weniger als 1000 traditionelle Feste auf. Die Chance, dass irgendwo auf Sardinien gerade eine Prozession, ein Ernte- oder Hirtenfest begangen wird, ist also groß. Die Mehrzahl der Feste sind nach Meinung unseres Autoren Peter Höh noch sehr authentisch, die schönsten und farbenprächtigsten stellen wir Ihnen auf S. 92 ff. vor.

Herzlich

Ihre

Birgit Borowski

Birgit Borowski
Programmleiterin DuMont Bildatlas

34 Alles Käse, oder was? Von wegen: Die Cucina Sarda ist bodenständig und schlicht raffiniert.

30 Badenixen ahoi: Zu den Highlights im sardischen Norden zählt ein Bootsausflug in die faszinierende Inselwelt des Maddalena-Archipels.

104 Besuch der Kapitale: In der sardischen Hauptstadt Cagliari ist Afrika schon recht nah.

92 Brauchtum und Tradition werden auf Sardinien groß geschrieben – nicht nur hier bei der Festa di Sant'Efisio in Cagliari.

Das Zentrum

Der Südwesten

Der Süden

Anhang

DuMont Aktiv

Genießen Erleben Erfahren

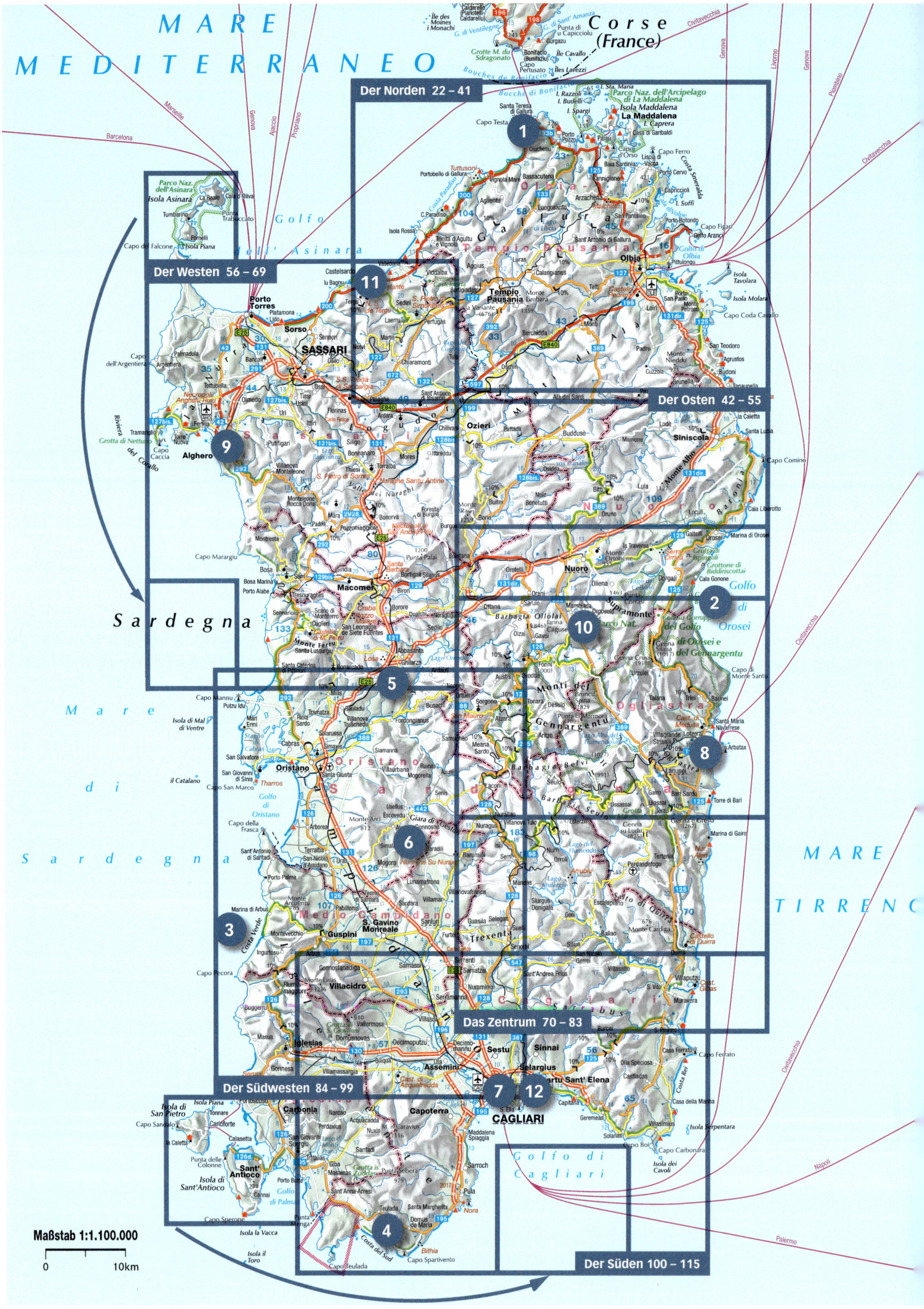

MARE MEDITERRANEO
Corse (France)
Der Norden 22 – 41
Der Westen 56 – 69
Der Osten 42 – 55
Das Zentrum 70 – 83
Der Südwesten 84 – 99
Der Süden 100 – 115
Sardegna
Mare di Sardegna
MARE TIRRENO
Golfo dell' Asinara
Golfo di Orosei
Golfo di Cagliari
SASSARI
CAGLIARI
Olbia
Nuoro
Oristano
Alghero
Porto Torres
Tempio Pausania
Macomer
Iglesias
Carbonia
Siniscola
Ozieri
Sinnai
1
2
3
4
5
6
7
8
9
10
11
12
Maßstab 1:1.100.000
0
10km

Topziele

Die bedeutendsten Sehenswürdigkeiten Sardiniens, die Sie keinesfalls versäumen dürfen, haben wir auf dieser Seite für Sie zusammengestellt. Auf den Infoseiten ist das jeweilige Highlight als **TOPZIEL** *gekennzeichnet.*

NATUR

ERLEBEN

KULTUR

SHOPPING

Sprung ins Badeparadies

Sardiniens spektakulärstes Naturschauspiel ist der Golfo di Orosei im Inselosten. Auf fast 50 Kilometer Länge formt hier das Supramonte-Massiv eine wilde Felskulisse mit kleinen Traumstränden und malerischen Robinson-Buchten. Um Badeparadiese wie hier die wunderschöne Cala Goloritze zu erreichen, muss man ein Ausflugsboot von Cala Gonone nehmen, einem ehemaligen Fischerort in der Nähe von Dorgali.

Farben und Formen der Natur

Westlich von Santa Teresa di Gallura verbindet ein Damm die Halbinsel Capo Testa mit der Nordküste Sardiniens. Wind und Wetter formten hier die Granitfelsen zu bizarren Gebilden, in denen fantasievolle Betrachter allerlei Fabelwesen entdecken können. Den schönsten Blick auf diese in den Abendstunden in warmen Ockerfarben strahlende Urlandschaft hat man vom alten Leuchtturm an der Spitze des Kaps.

Brauchtum und Feste

Mit einer Wallfahrt von Cagliari nach Nora löst man jährlich am 1. Mai ein Gelübde ein, das man dem heiligen Ephysius gab, damit er die Cagliaritaner von einer im Jahr 1652 ausgebrochenen Pest befreite, der fast die Hälfte der Stadtbevölkerung zum Opfer fiel. Heute ist die insgesamt viertägige Sagra di Sant'Efisio das größte Volksfest Sardiniens.

Sport, Spaß und Spiel

Zu den schönsten Stränden bei Alghero gehört die an dessen Lido anschließende, von Pinien und Macchia eingerahmte, etwa zwei Kilometer lange Spiaggia di Maria Pia. Deren feiner, weißer Sandstrand lädt nicht nur zu spätnachmittäglichen Ballspielen ein, sondern auch zur Erkundung des an diesem Ort kristallklaren, türkisfarben schimmernden Meerwassers.

Alles, was gut (und teuer) ist

Dreißig Cent pro Quadratmeter hielten die Bauern und Hirten im Jahr 1962 für einen angemessenen Preis, als sie den 55 Kilometer langen, felsigen, mit Macchia bedeckten Landstrich an der Nordostküste einem internationalen Konsortium verkauften. Heute muss man an der Smaragdküste (Costa Smeralda) rund um Porto Cervo bis zu 3500 Euro pro Quadratmeter investieren.

Schutz und Trutz

Entlang der Küstenstraße von Castelsardo nach Santa Teresa di Gallura passiert man Isola Rossa, ein ehemaliges Fischerdorf, das seinen Namen den vor der Bucht im Meer liegenden rosafarbenen Granitfelsen verdankt. Dort findet man auch einen alten Wehrturm (La Torre Spagnola), der im 16. Jahrhundert unter spanischer Herrschaft zum Schutz vor Überfällen sarazenischer Piraten errichtet wurde.

Die besten Tische mit Aussicht

Pecorino und Piña Colada mit Bellavista

Was kann es auf einer Reise Beglückenderes geben, als nach einem erfüllten Tag in der aufkommenden Abendbrise bei einem Aperitiv die Sonne im Meer versinken zu sehen? Um dann unterm aufziehenden Sternenzelt in milder Abendluft auf das silbern schimmernde Meer zu schauen und sich dabei den Genüssen des Landes hinzugeben? Nichts!

1 Sundown in der Felsenbar

Der Name ist so ungewöhnlich wie die Location selbst. Das Al 906 Operaio ist Sardiniens spektakulärste Bar und einer der schönsten Orte, um das furiose Farbenspiel zu erleben, das die untergehende Sonne über dem Meer entfaltet. Das Ungewöhnliche ist, dass die Bar in einer Felshöhle untergebracht ist, in der einst eine Minengesellschaft ihren Sprengstoff lagerte. Und in der ebenfalls in den Fels gesprengten Toilette lagerten die Zünder. Einmalig ist ihre Lage hoch über dem Meer im fast senkrecht abfallenden Fels, einfach unvergesslich der Blick von der Terrasse auf den Golfo die Gonessa und seine imposante Steilküste. Krönung der Klippenkulisse ist der aus dem Meer aufragende gewaltige Felsmonolith Pan di Zucchero, der Zuckerhut. Vom Parkplatz führt ein schön angelegter kurzer Spazierweg rings um den Fels herum bis zur Bar. Am Tag gibt es nur Getränke, am Abend dann auch Restaurantbetrieb und Pizza.

Al Operaio 906, Iglesias, Belvedere di Nebida, Tel. 338 9 16 53 88, (nur April–Okt.)

2 Schlemmen mit Küstenpanorama

In stiller Natur sitzen und durchatmen, alle Anstrengung des Tages von sich abfallen lassen, dabei auf ein großartiges Küstenpanorama blicken und beim guten Wein die Köstlichkeiten der sardischen Küche kennenlernen: Ein perfekter Ort dafür ist der Agriturismo La Suara Longa. Die Anfahrt auf einer unbefestigten „strada bianca" ist zwar schmal, staubig und holperig, aber der Weg lohnt sich! Auf einem Hügel im Hinterland von San Teodoro gelegen, eröffnet sich von seiner Terrasse ein unvergesslicher Blick über San Teodoro auf die Küste mit dem goldenen Band vom La-Cinta-Strand und der davor aus dem Meer aufragenden Insel Tavolara. Beim Essen wählt man zwischen Fisch und Fleisch. Die Menüs sind mehr als üppig und von ausgezeichneter Qualität.

Agriturismo La Suara Longa, San Teodoro, Via Montenegro, Tel. 338 7 14 87 55, www.suaralonga.com, Anfahrt von der Hauptstraße SS 125 (Via Nazionale), in die Via Montenegro abbiegen, dann ca. 1 km Piste.

3 Coole Cocktails

Mit dem Aufzug geht es hinauf zum Li Blau, der stylischen Skybar auf dem Dach des neunstöckigen Hotels Catalunya. Die Aussicht auf die Altstadt von Alghero und über den Hafen hinaus zum Capo Caccia ist immer bezückend, ob am Nachmittag bei Kaffee und Kuchen oder zur Blauen Stunde, wenn sich Tag und Nacht vermischen, bei einem der zahlreich angebotenen Cocktails. In der Nacht locken dann DJ's mit Loungemusik die Nachtschwärmer ins schicke Designer-Ambiente.

Il Blau, Hotel Catalunya, Alghero, Via Catalogna, 24, Tel. 079 95 31 72, www.hotelcatalunya.it (in der Vor- und Nachsaison Di.–So. 10.00 bis 13.30 u. 16.00–21.00, in der Saison tgl. 10.00–15.00 u. 17.00–24.00 Uhr

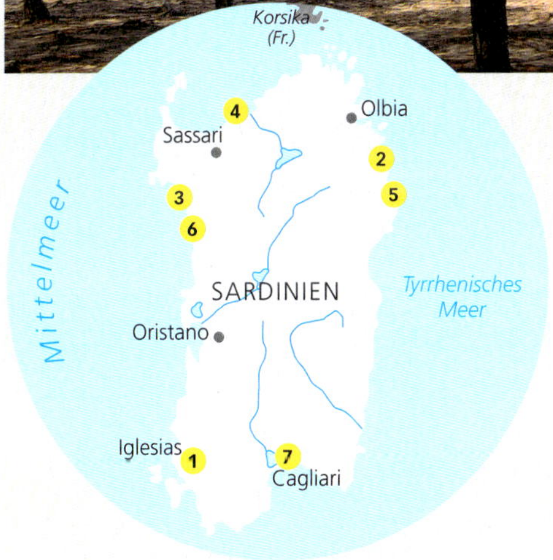

4 Candle-Light-Dinner mit Traumkulisse

In der milden Nachtluft unter den Sternen beim romantischen Kerzenschein im eleganten Ambiente gut und gepflegt zu dinieren, ist immer ein ganz besonderes Erlebnis. L'Incantu, das Restaurant des stilvollen Hotelressorts Bajaloglia in Castelsardo, ist wie geschaffen dafür. Hoch über dem Ort auf einem Hügel liegt die malerische Altstadt mit ihrem Castello wie auf einem Präsentierteller vor dem Betrachter. Richtig romantisch wird es nach Einbruch der Nacht, wenn die Lichter der Stadt den Burgberg erleuchten und ihn wie eine auf dem Wasser schwimmende glitzernde Krone erscheinen lassen. Zu diesem (vorzugsweise vorher reservierten) Panoramablick wird einem hier eine ganz exquisite Küche geboten.

L'Incantu/Bajaloglia Resort, Castelsardo, Loc. Bajaloglia, Tel. 079 47 45 44, www.bajalogliaresort.it

5 Frutti di Mare mit Meeresrauschen

Inmitten eines aromatisch harzig duftenden, lichten Wäldchens aus Schirmpinien, der Pineta Sant' Anna bei Budoni, liegt das Restaurant Shardana. Tische und Stühle stehen locker verteilt unter den Bäumen. Herrlich der Blick auf die lange, sanft geschwungene Bilderbuchbucht von Budoni: Das kontrastreiche Farbenspiel von grünen Baumkronen, gelbem Stand, azurblauem Meer und Himmel lassen das Herz höher schlagen. Stilvoll serviert wird frisch zubereitete mediterrane Slow-Food-Küche. Besonders die Meeresgerichte sind ein Gedicht.

Bar/Pizzeria/Ristorante Shardana, Tanaunella, Loc. Pineta Sant'Anna, Tel. 334 1 02 68 14, www.ristoranteshardana.it; unbedingt reservieren!

6 Genießen unter Geiern

Das einzige Gebäude auf der fast 50 Kilometer lang durch völlig unbesiedelte Natur führenden Küstenstraße von Alghero nach Bosa ist das Casa del Vento. Ob auf ein Bier, einen kleinen Espresso oder um opulent zu speisen – ein Stopp im „Haus des Windes" lohnt sich immer. Das freundlich-familiär geführte Lokal liegt unmittelbar an der Abbruchkante der Steilküste. Von seiner großen Terrasse genießt man im Schatten eines Schilfdachs eine unvergessliche Aussicht auf die wellenumspülten Felsen und Klippen sowie das Meer. Und mit etwas Glück sieht man hier „Grifonis", gigantische Gänsegeier, im Aufwind kreisen, die in den Klippen des nahen Capo Marargiu nisten.

Bar/Pizzeria/Ristorante Casa del Vento, an der SP 49 von Alghero nach Bosa bei km 8, Tel. 347 1 82 20 74 (in der Vor- und Nachsaison nur Sa. u. So. geöffnet)

7 Dolce far niente mit Stil

Wenn am späten Nachmittag die Hitze des Tages weicht, steigen die Cagliaritaner hinauf zum Castelloviertel, um bei der aufkommenden Meeresbrise durchzuatmen. Besonders beliebt ist die schicke Terrasse des Libarium Nostrum direkt über der hohen Festungsmauer, die das Castelloviertel umschließt. Einlass ins alte Adelsviertel gewährt der mächtige Torre d'Elefante, von dem es dann nur noch ein paar Schritte bis zu der angesagten In-Adresse ist. Man zeigt sich, bespricht Projekte, flirtet oder genießt einfach die Atmosphäre und den Ausblick über die verschachtelten Dächer der Altstadt hinaus auf den weit sich öffnenden Golfo degli Angeli. Die Tische mit der schönsten Aussicht sind dem Restaurantbereich vorbehalten.

Libarium Nostrum, Cagliari, Via Santa Croce 33, Tel. 346 52 2 02 12, im Sommer tgl. 7.30–2.00 Uhr, sonst Mo. geschlossen

Delcomar

Kork, Granit, Milliardäre

Ein Nachtclub an der Costa Smeralda trägt den programmatischen Namen „Billionaire", sein Besitzer ist der berühmt-berüchtigte Sportmanager Flavio Briatore. Die Liegegebühren in der Marina von Porto Cervo sind (nach Capris Marina Grande) die zweithöchsten der Welt, ein Cappuccino an der Piazzetta kann bis zu 30 Euro kosten. Aber die zauberhaften Buchten mit ihren fast schon karibisch anmutenden Stränden sind frei zugänglich, und im Landesinneren haben die urwüchsigen Granitberge und Korkwälder ihren ganz eigenen Reiz.

Blick über den Hafen von La Maddelena hinweg über den gleichnamigen, seit dem Jahr 1997 als Nationalpark geschützten Archipel.

Blick über die Hafenbucht von Porto Cervo: Die Saison an der Costa Smeralda ist wie ein Espresso – kurz, heiß und stark.

Flavio Briatores Billionaire Club in Porto Cervo (oben und rechts) ist sozusagen die Formel 1 unter den Ausgehadressen an der Costa Smeralda.

Rund um die Piazzetta nahe dem alten Hafen von Porto Cervo laden zahlreiche ...

... Nobelboutiquen zum Marken- und Luxusshoppin ein. Frau gönnt sich ja sonst nichts!

Die Entstehung der Costa Smeralda liest sich wie ein Märchen aus dem Morgenland.

Willkommen im Land der Reichen und Superreichen: An der Costa Smeralda ist alles teuer und exklusiv, aber nichts echt und gewachsen. Noch nicht einmal der Name. Der ist ein geschütztes Warenzeichen jener internationalen Finanzgruppe, die diesen Spielplatz für Milliardäre einst aus der Taufe hob. An der Spitze des zu diesem Zweck von dem Biermagnaten Patrick Guinness und weiteren finanzkräftigen Investoren gegründeten Consorzio Smeralda stand kein Geringerer als Karim Aga Khan IV., das geistige Oberhaupt der Ismailiten (einer liberal ausgerichteten Abspaltung der muslimischen Schiiten mit heute rund 20 Millionen Anhängern in Europa, Zentralasien und Afrika). Dessen Privatvermögen wird auf mindestens zehn Milliarden Euro geschätzt. Den Bauern und Hirten der Region kaufte er dieses traumhafte Stück Küste für einen Apfel und ein Ei ab, um darauf eine standesgemäße Spielwiese für sich und seinesgleichen errichten zu lassen – darunter so schillernde Figuren wie Silvio Berlusconi, der auf seinem cäsarisch anmutenden Anwesen „La Certosa“ mit Bunga-Bunga-Partys für Schlagzeilen sorgte. Heute kennt jeder den Namen und setzt die Costa Smeralda mit Sardinien gleich. Dabei hat die hyperexklusive Enklave mit Sardinien in etwa so viel zu tun wie Disneyland mit Paris.

Die geraubte Küste

Als die Hirten und Bauern sich angesichts des smaragdbesetzten Raumschiffes, das da direkt vor ihrer Haustür gelandet war, die Augen rieben und feststellten, dass ihr Land wohl doch nicht so wenig wert gewesen war, wie sie gedacht hatten, machte schnell das Wort von der „Costa Rubata“, der „Geraubten Küste“, die Runde. Aber die neuen Verhältnisse brachten auch Arbeit und Brot, und so arrangierten sich die düpierten Sarden schnell damit. Die Costa Smeralda sicherte Sardinien einen Platz auf der Landkarte des internationalen Tourismus. Als Segen erwies sich zudem die neosardische Architektur: Kreiert wurde dieser – traditionelle Elemente aller mediterranen Bauformen vereinende – Stil in den 1960er-Jahren von dem französischen Stararchitekten Jacques Couëlle, der mit seinem verspielten Hotel Cala di Volpe die erste Luxusherberge an der Costa Smeralda erbaute.

Olbia, die Glückliche

Um ihre Klientel auf die Insel zu bringen, baute sich das Consorzio Costa Smeralda bei der nahe gelegenen Hafenstadt Olbia einen eigenen Flughafen und legte sich mit Meridiana gleich noch eine eigene Airline zu. Der International Airport Costa Smeralda ist heute der wichtigste der Insel und macht, mit dem Fähr-

Mit ihren Luxusjachten und -hotels ist die Costa Smeralda heute die edelste Ferienadresse Europas.

Die türkis glitzernde Farbe des kristallklaren Meerwassers macht das Baden an der Costa Smeralda zu einem reinen Vergnügen.

Oberhalb des Jachthafens von Porto Cervo steht die Kirche Stella Maris („Stern des Meeres"). Zu den typisch sardischen Elementen ihrer Architektur gehören die das Dach der Vorhalle tragenden, an Menhire erinnernden Granit-Monolithen.

Zimmer mit Aussicht: Das Hotel Cala di Volpe in Porto Cervo bezeichnet sich selbst (mit gutem Recht) als 5-Sterne-Legende.

hafen, die Stadt Olbia zum touristischen und logistischen Drehkreuz Sardiniens.

Olbia, „die Glückliche“, nannten die alten Griechen die Stadt, die schon damals ein wichtiger Hafen und Handelsort war. Heute ist Olbia Sardiniens Boomtown und hat die Kapitale Cagliari an Wachstum und Wohlstand überholt. Der Hafen wird ständig ausgebaut, die Altstadt wurde saniert, ihre Plätze hat man verschönert, neue Hotels wurden eröffnet, Restaurants und Straßencafés laden zur Einkehr ein. Olbia ist jung und modern, und es macht Spaß, erst einmal bei einem Cappu oder einem kleinen Schwarzen in Ruhe anzukommen, um ganz gelassen dem quirlig-mediterranen Treiben zuzusehen, ehe man seinem Urlaubsort weiter entgegenstrebt. Der ist meist gar nicht weit entfernt.

Pinien statt Palmen

Gleich, ob man Olbia in Richtung Norden oder Süden verlässt – unmittelbar am Stadtrand eröffnet sich ein Reigen von Traumstränden, die den Vergleich mit der Karibik nicht zu scheuen brauchen. La Cinta („das Band“) heißt der kilometerlange Bilderbuchstrand, der sich bei San Teodoro in sanftem Schwung zwischen einem von Flamingos bevölkerten Lagunensee und dem smaragdfarben irisierenden Meer entlangzieht. Ihr vorgelagert ist die Tavolara, deren gewaltiger Fels wie der schrundige Rücken eines Seeungeheuers fast 600 Meter hoch aufragt. Der einzige Unterschied zur Karibik: Die Palmen am Strand sind hier Pinien. Mit ihren grünen Kronen schaffen diese einen schönen Kontrast zum strahlenden Weiß des Strandes und dem tiefen Himmelsblau. Eines der schönsten lichten Pinienwäldchen („Pinetas“) am südlichen Endes des schier endlos langen Strandes von Budoni ist die Pineta Sant'Anna.

Jung, schön, weiblich

Die Strände und die Nähe zu Olbia haben die einstigen Fischerdörfchen San Teodoro und Budoni zu einem touristischen Hotspot gemacht, an dem sich besonders junge Menschen treffen. Hier sind die Clubs und Discos im Gegensatz zur Costa Smeralda für jedermann offen und erschwinglich. Wer dort in der Felsendisco Ritual oder in Briatores Billionaire Einlass begehrt, muss jung, schön und weiblich sein oder einen klangvollen Familiennamen auf seiner Goldenen Kreditkarte tragen. Die Strände der Costa Smeralda aber stehen wie alle Strände auf Sardinien allen offen.

Paradiesische Buchten

Wer sich in der – nomen est omen – Cala Tahiti oder der nach einer persischen Märchenprinzessin benannten Cala Soraia sonnen will, muss mit dem Boot anreisen. Diese und viele andere Paradiesbuchten liegen auf einer der zahlreichen, meist unbewohnten Inseln und Eilande des La Maddalena-Archipels. Jahrhundertelang war seine Geschichte dank der strategisch wichtigen Lage im Kanal zwischen Korsika und Sardinien militärisch geprägt. Hier erlebte ein junger Offizier namens Napoleon sein erstes Waterloo, hier lag die englische Flotte unter Admi-

An Olbias Stadtrand eröffnet sich ein Reigen von Traumstränden.

So schön es an der Costa Smeralda auch ist – wer das wahre, das ursprüngliche Sardinien sucht, der muss die Küste auch mal verlassen, für Abstecher in das kleinstädtische Arzachena etwa (ganz oben), zum Gigantengrab Coddu Vecchiu (rechts), oder zum Besuch eines Bauernmarkts (oben) in einem Bergdorf der Region.

Sommer, Sonne, Sand: La Cinta ist der beliebteste Strand von San Teodoro. Mit Blick auf die Isola Tavolara (im Bildhintergrund) kann man hier herrlich baden – in der Sonne wie im Wasser.

Kork

Special

Ein ganz besonderer Stoff

Sardinien liefert 80 Prozent der italienischen Korkproduktion. Die Zentren der Verarbeitung sind Tempio Pausania und das benachbarte Calangianus. Kork spielt für die Region seit alters her eine wichtige Rolle. Wurde früher von den Bauern und Hirten die Rinde der immergrünen Korkeiche für Alltagsgegenstände wie Schalen oder Gefäße verwendet, so verarbeitet man sie heute zu kitschigen Korkpostkarten genauso wie zu Tapeten, Isolierstoffen oder Fußbodenbelägen. Und nicht zuletzt: zu Weinkorken. Auf Sardinien sind noch alle Weine mit echtem Naturkork verschlossen. Das ungewöhnlichste Korkprodukt sind wohl die Korkkleider und -taschen von Anna Grindi, die in der Fußgängerzone von Tempio ihre Boutique hat.

Die Korkeiche muss erst 25 Jahre lang wachsen, ehe sie zum ersten Mal geschält werden kann. Die erste Ernte ist allerdings noch minderwertig. Gute Qualität liefert der Baum erst ab der zweiten Ernte. Dazwischen müssen acht bis zehn Jahre vergehen.

Korkarbeiter bei Aggius

Die Korkernte ist mühsame Handarbeit. Die dünne Korkmutterschicht darf nicht verletzt werden, da sie die Korkzellen für die nachwachsende Rinde produziert. Bevor diese weiter verarbeitet werden kann, muss sie mindestens sechs Monate ablagern.

Korkanbau ist also ein langfristiges Geschäft. Rund 150 bis 200 Jahre lang liefert ein Baum seine Rinde, bevor er verbraucht ist.

ral Nelson. Hier liegt Italiens Nationalheld Giuseppe Garibaldi begraben, zu dessen Alterssitz und Grab auf La Caprera jeder einigermaßen patriotische Italiener wenigstens einmal im Leben pilgert. Hier waren Atom-U-Boote der US-amerikanischen Mittelmeerflotte stationiert, bis diese (2008) ihren Stützpunkt auf der Insel Santo Stefano räumte.

Von den kriegerischen Zeiten zeugen nur noch die gewaltigen Festungsanlagen, die die kleine Hafenstadt Palau flankieren. Nun dümpelt in ihrer Marina Sardiniens größte Flotte von Freizeitbooten und Jachten. Palau ist das Tor zu einer wundervollen Inselwelt, die dank ihrer faszinierenden Natur zum Meeres-Nationalpark erklärt wurde.

Die Armada der großen und kleinen Boote, die von Palau und der Costa Smeralda der Inselwelt von La Maddalena entgegenstrebt, erscheint vom Capo d' Orso aus wie ein Möwenschwarm. Der Panoramablick auf die vorgelagerte Inselwelt ist eine Ode an die einzigartige Schönheit der Granitregion Gallura. Was sie so einzigartig macht, sind die Tafoni-Felsen, jene skurrilen Felsgebilde, die Wind und Wellen aus dem grauen Fels modellierten, der der Region ihr unverwechselbares Gesicht gibt. Der gewaltige Felsenbär auf dem Gipfel des Kaps ist ein besonders imposantes Exemplar.

Das Leben kann so schön sein: Bootstrip von Cannigione, einem beliebten Urlaubsort am Golf von Arzachena, in die wunderbare Inselwelt des zum Meeres-Nationalpark erklärten Maddalena-Archipels.

Im Hafen von La Maddalena, dem schmucken Hauptort der gleichnamigen Insel des gleichnamigen Archipels, reiht sich Boot an Boot.

Eine ganze Armada kleiner und großer Boote strebt von Palau und der Costa Smeralda aus der Inselwelt von La Maddalena entgegen.

Friedhof der Steine

Ganz im Nordwesten, nahe dem charmanten Städtchen Santa Teresa di Gallura, liegt der Cimitero dei Sassi, der „Friedhof der Steine", wie die Sarden die Felsengärten am Capo Testa nennen. Das, was die Kräfte der Natur an Sardiniens meist windigem und nicht selten sturmumtosten Nordkap aus dem Granit gemeißelt haben, ist eines der spektakulärsten Naturwunder der Insel und in der Saison entsprechend viel besucht. Die Besucher verlieren sich jedoch schnell in den fantastischen Felsenlabyrinthen zu Füßen des alten Leuchtturms. Besonders schön ist es in diesem Märchengarten, wenn der Wind die Wolken über den Himmel jagt; wenn Licht und Schatten den Felsgebilden immer neue Formen und Figuren geben. Mit jedem Schritt scheint man der Welt immer mehr zu entrücken, lauscht dem Zirpen der Zikaden, atmet die von Kräutern aromatisierte Meeresluft, hört das Lied des Windes durch die Felsgebilde wehen.

Unvergesslich ist ein Mondspaziergang ins legendäre „Valle di Luna", ins „Tal des Mondes", in dem einst Hippies und andere spirituell Durchstrahlte ihre drogenverhangenen Vollmondpartys feierten, bevor die Carabinieri dem Spuk ein Ende machten. Auf bewusstseinserweiternde Substanzen kann man hier ohnehin verzichten, sind in dieser mystischen Welt der Gnome, Kobolde und Fabelwesen doch die Natur und der eigene Kopf die besten Drogen ...

Jenseits der Küste

Um die wahre Seele der Gallura zu finden, muss man die touristische Küste verlassen und ins Landesinnere fahren, von Palau hinauf zum Bergstädtchen Tempio Pausania. Eindrucksvoll sind unterwegs der große, bunte Bauernmarkt in Arzachena, die prähistorischen Nuraghen und steinzeitlichen Gigantengräber in dessen Umgebung und die „Olivastri Millenari" am Stausee Lago di Liscia nahe Luras: jahrtausendealte Olivenbäume, darunter einer der mit ca. 4500 Jahren ältesten Bäume Europas – ein Ehrfurcht gebietender Gigant aus grauer Vorzeit, dessen Leben begann, als im Alten Reich Ägyptens Pharao Phiops II. herrschte und die ersten Exemplare des Homo sapiens Sardinien durchstreiften.

Natur und Kultur

Immer höher werden die grauen Berge und immer tiefer die immergrünen Korkeichenwälder, je näher man der quellenreichen Sommerfrische Tempio Pausania kommt. Hinter dem reizvollen, ganz aus Granit erbauten Bergstädtchen türmen sich die Granitmassen zum Massiv des Monte Limbara auf, der in der 1362 Meter hohen Punta Balistreri gipfelt: eine

Oben links: Vom berühmten „Bärenfelsen" am nach ihm benannten Capo d'Orso blickt man hier auf die Stadt Palau. Oben rechts: die Piazza Vittorio Emanuele in Santa Teresa di Gallura, der nördlichsten Stadt Sardiniens. Unten links: Auch an der Marina von Palau drängen sich die Jachten dicht an dicht. Unten rechts: unterwegs zu dem auf einem ehemaligen militärischen Sperrgebiet gelegenen alten Leuchtturm am Capo Testa.

stille, nahezu unberührte Bergwelt aus Kork und Granit – Gallura pur.

Die Ehre der Banditen

Zwei anderen Facetten aus der Historie dieser Region begegnet der Reisende im malerischen Bergdorf Aggius, dessen Bewohnern nachgesagt wird, sie seien das lebenslustigste Völkchen der Insel. Was vielleicht daran liegt, dass sie einst in den Bergen in einer hinter einem Ziegenstall versteckten Höhle Geldscheine diverser Währungen druckten.

Heute sind die Zeiten des Falschgelds lange vorbei. Auch die Banditen, die einst den Ruf Sardiniens prägten, gehören seit Langem in die Geschichtsbücher. Oder ins Museum: Besucht man das sehr interessante Museo di Banditismo in Aggius, wird einem klar, dass es sich bei den „Gesetzlosen" weniger um Kriminelle als um – uralten sardischen Kodexen verpflichtete – „Ehrenmänner" handelte. Der berühmteste Gesetzlose der Gallura war der in Aggius geborene Bastiano Tansu, genannt Il Muto di Gallura („der Stumme der Gallura"), der den Mord an seinem Bruder in einem blutigen Feldzug rächte, dem zwischen den Jahren 1849 und 1856 etwa 70 Menschen zum Opfer fielen.

Heute findet man unter dem Stichwort Il Muto di Gallura einen Agriturismo vor den Toren von Aggius. Das malerisch gelegene alte Gehöft bietet nicht nur Mondscheinausritte und romantische Unterkunft, sondern auch eine köstliche Cucina Tipica Gallurese. Ob Ferkel oder Zicklein, Käse oder Schinken und Wurst, ob Gnocchi, Gemüse oder Wein – alles wird hier selbst gemacht und von kundiger Hand nach traditionellen Rezepten in ein Füllhorn kulinarischer Genüsse verwandelt.

Für den Gast bedeutet das eine Reise ins Innere der Gallura, wie sie authentischer nicht sein könnte: Der Agriturismo Il Muto di Gallura verweist auch das edelste Hotel und die exklusivste Küche an der Costa Smeralda auf die nachfolgenden Ränge.

CUCINA SARDA

Pasta, Pane & Co.

Die traditionelle sardische Küche ist eine Bauern- und Hirtenküche: bodenständig, geradlinig, kräftig und von schlichter Raffinesse. Ihre wichtigsten Bestandteile sind Brot, Gemüse, Fleisch und Käse.

Panini gibt es überall in Italien, Pane Carasau (die dünnen Fladen) sind eine typisch sardische Spezialität.

Die Cucina Sarda ist eine Küche der Armen und des Mangels, geprägt von der harten und entbehrungsreichen Existenz der Bauern und Hirten. Verschwendung und Überfluss sind ihr fremd. Fleisch war Luxus. Wurde eine Ziege oder ein Schaf geschlachtet, so hat man das Tier maximal verwertet. Auch Köpfe und Füße, Hirn und alle Innereien wurden verwendet. Viele der typisch sardischen Spezialitäten sind deshalb für manchen etwas gewöhnungsbedürftig. Als Leckerei gelten beispielsweise Piedini di Agnello (Füße vom Lamm). Sehr beliebt sind auch Sa tratalia (mit Speck gefüllter Darm) und Zimino (gegrillte Innereien vom Lamm). Ein Festessen für Sarden ist Sa cordula (nur mit Zitrone und Pfeffer gewürzte Innereien). Für manche sicher grenzwertig ist der Casu Marzu (ein Pecorino, den lebendige Fliegenmaden – die man mitisst – in einen streichfähigen Zustand bringen). Letztere Spezialität erhält man aber nur beim Hirten. Etwas zu fettlastig und kalorienreich wird für ernährungsbewusste Zeitgenossen wohl die Salsiccia Sarda sein, die Grillwurst der Insel. Mehrheitsfähig ist dagegen das sardische Nationalgericht Porcheddu (ein über aromatischen Macchiahölzern langsam gegrilltes Spanferkel), das auf keinem Inselfest fehlen darf. Das Gleiche gilt für Cinghiale al Cannonau (Wildschwein in köstlicher Rotweinsauce).

Pane carasau: Das Brot der Hirten

Wer auf Sardinien zum Bäcker geht, wird feststellen: Das Angebot an Backwaren ist außergewöhnlich vielfältig. Denn jedes der über Generationen isoliert gelegenen Dörfer hat nicht nur seinen eigenen Dialekt, sondern auch seine eigenen Brotspezialitäten entwickelt. Das sardische Brot schlechthin ist Pane Carasau, ein pergamentdünnes, knusprig-trockenes, ausschließlich aus Hartweizengrieß, Wasser, Hefe und Salz hergestelltes Fladenbrot, auch „Carta Musica“ (Notenblatt) genannt. Es wurde traditionell in einem zeitraubenden Verfahren im Holzofen hergestellt und haltbar gemacht, damit es die Hirten auf ihre langen Wanderungen mitnehmen konnten. Eine besonders köstliche, mit Salz und frischem Rosmarin bestreute Variante davon ist Pane guttiau.

Ausgezeichnet schmeckt auch das als „sardische Pizza“ bezeichnete Pane frattau. Dazu wird der Fladen kurz überbrüht und dann mit Tomatensugo und Pecorino belegt.

Pasta und Pecorino

Kein Essen ohne Pasta, da sind sich die Sarden einig. Die typische sardische Pasta heißt Fregula (kleine, von gemehlter Hand geribbelte Kugeln aus Hartweizengrieß). Ebenfalls inselweit

„Malloreddu" heißt der aus Hartweizengrieß meist noch von Hand zubereitete Pastaklassiker der Sarden. Er darf als „prima piatta" in keinem echten sardischen Menü fehlen.

Zu einem guten Essen gehört auch ein edler Tropfen (links: in der Weinkellerei Vigne Surrau in Arzachena). Ausschließlich im Weingut Sella & Mosca (rechts) im Hinterland von Alghero kultiviert wird heute die heimische Rebsorte Torbato. Dem kalkreichen, aus jahrtausendealten marinen Ablagerungen entstandenen Boden verdankt sie Geschmack und Wuchs.

beliebt sind Culurgiones (eine Art Riesenravioli mit regional unterschiedlicher Füllung auf der Basis von Kartoffeln, Ricotta und Minze). Der sardische Klassiker schlechthin sind Malloreddus (eine oft mit Safran zubereitete Nockerlart aus Hartweizengrieß, die man mit einer Tomaten- oder Fleischsoße isst). Die typisch sardische Spielart der klassischen italienischen Spaghetti nennt sich „Spaghetti alla Bottarga" (Spaghetti mit getrocknetem Meeräschenrogen).

Sardischer Pecorino ist eine weltweit berühmte, aus Schafsrohmilch hergestellte Spezialität. Auf der Insel gehört er quasi zu den Grundnahrungsmitteln. Es gibt ihn in vielen Varianten. Ganz frisch wird er als milder Dolce Sardo gegessen. Medio Stagionato (etwas gereift) reicht man ihn oft mit Oliven als Vorspeise oder serviert ihn als Snack zu Bier und Wein. Alto Stagionato (mindestens sechs Monate lang gelagert und gereift) wird er als pikanter Hartkäse wie der (meist teurere) Parmesan für Pastagerichte und zum Würzen verwendet.

Süße Seufzer: Dolci und Desserts

Leider gar nichts für die Bella Figura sind die jedes Essen abschließenden Dolci Sardi. Die Fülle der süßen Verführungen ist enorm. Um Oliena gibt es Aranzadas (kandierte Orangenschalen mit Mandeln und Honig), im Campidano Pirichittus (Bällchen aus Zucker, Ei, Olivenöl und Zitronensaft), in der Gallura Copulettas (ein Gebäck aus Honig, Marmelade und Mandeln). Ozieri ist berühmt für seine Sospiri, was wörtlich „Seufzer" bedeutet und sich auf dem Tisch als eine rundlich geformte, aus gehackten Mandeln, Zucker, Zitronensaft oder geriebener Orangenschale hergestellte Leckerei entpuppt. Inselweit beliebt sind Seadas, auch „Sebadas" genannt (runde, mit Frischkäse gefüllte und frittierte Teigtaschen, die mit bitterem Honig übergossen werden).

Weil alle Dolci Sardi einfach köstlich und echte Kalorienbomben zugleich sind, wird jedes Essen mit einem Hochprozenter abgeschlossen: entweder mit einem Mirto (einem eiskalt servierten Likör aus den Beeren des Myrtenstrauchs) oder mit einem Filu e' Ferru (einem „Eisendraht", wie man den sardischen Grappa nennt).

Kochakademie Puddu

In die Geheimnisse der sardischen Küche eintauchen kann man bei Kochkursen und -events in der Accademia Casa Puddu des bekannten sardischen Sternekochs Roberto Petza. Oder auch einfach im S'Apposentu, dem exquisiten Restaurant des charmanten Hauses.

Accademia Casa Puddu, Vico Cagliari, 3, 09020 Siddi, Tel. 070 9 34 10 45, www.accademiacasapuddu.it

Pecorino, ein würziger Hartkäse, gehört auf Sardinien zu den „Grundnahrungsmitteln". In seiner traditionellen Form wird er nur aus Schafsmilch hergestellt (ital. „pecora" = Schaf).

Maßstab 1:360.000
0
6km
Bocche di Bonifacio
Golfo dell' Asinara
Parco Nazionale dell' Arcipelago di La Maddalena
Isola Razzoli
Isola Santa Maria
Isola Budelli
Isola Spargi
Isola Maddalena
La Maddalena
Isola Caprera
Isola delle Bisce
Isola Mortorio
Isola Soffi
Costa Smeralda
Santa Teresa Gallura
Capo Testa
Palau
Arzachena
Porto Cervo
Baia Sardinia
Porto Rotondo
Golfo Aranci
Capo Figari
Golfo di Olbia
OLBIA
Isola Tavolara
Isola Molara
Capo Coda Cavallo
San Teodoro
Budoni
Luogosanto
Tempio Pausania
Monte Limbara
Calangianus
Luras
Aggius
Oschiri
Berchidda
Monti
Telti
Castelsardo
Valledoria
Badesi
Trinità d'Agultu e Vignola
Isola Rossa
Costa Paradiso
Vignola
Sedini
Perfugas
Chiaramonti
Martis
Tula
Lago del Coghinas
Padru
Loiri
Bonifacio
Genova
Livorno
Piombino
Civitavecchia
Arbatax
Napoli
1
2
3
4
5
6
7
8

Mondän und urwüchsig

An der sardischen Nordküste beherrschen Luxusvillen, Superjachten und Edelherbergen das Bild. Nur wenige Kilometer landeinwärts betritt man das stille, von Schaf- und Ziegenherden durchstreifte Hirten- und Bauernland. Ein Juwel der Natur ist die Inselwelt des maritimen Maddalena-Nationalparks.

1 Olbia

Dank ihrer geschützten Lage an der tief eingeschnittenen Bucht im Golf von Olbia war die gleichnamige Stadt (58 000 Ew.) schon in der Antike ein bedeutender Hafen. Heute ist sie Sardiniens wichtigstes touristisches Drehkreuz.

SEHENSWERT/MUSEUM

In der romanischen **Basilica San Simplicio** aus dem 11. Jh. erinnern eingemauerte antike Meilensteine an ihre römische Vergangenheit. Nördlich des Zentrums zeugt der Aquädukt **Sa Rughitulla** von dieser Epoche. In unmittelbarer Umgebung der Stadt liegen mehrere bedeutende prähistorische Stätten, darunter das unterirdische nuraghische **Brunnenheiligtum Pozzo Sa Testa** (1600–850 v. Chr.) an der Küstenstraße nach Golfo Aranci oder die **Festungsanlage Cabu Abbas** (1600–1300 v. Chr.) auf einem Hügel an der Straße nach Palau. Sehenswert ist auch das **Archäologische Museum** (Mi.–So. 10.00–13.00 u. 17.00–20.00 Uhr, Eintritt frei) im alten Hafen. Olbias Stadtstrand und Vergnügungsmeile **Pittulongu** mit zahlreichen Bars und Clubs liegt nur wenige Kilometer außerhalb an der Küstenstraße nach Golfo Aranci. Ihm folgen schließlich noch weitere wunderbare Badestrände wie die **Cala Banana** oder die **Spiaggia Bianca**.

Das bedeutendste Baudenkmal der Stadt Olbia ist die romanische Kirche San Simplicio in ihrem Zentrum.

UNTERKUNFT

€/€€ La Locanda del Conte Mameli, Via delle Terme 8, Tel. 0784 2 30 08, www.lalocandadelcontemameli.com. Ein nostalgischer Traum in der Altstadt im historischen Palazzo und stilvollem Ambiente des Grafen Mameli.

INFORMATION

Ufficio Provinciale del Turismo, Via A. Nanni 17/19, 07026 Olbia, Tel. 0789 55 76 00, www.olbiatempioturismo.it

2 Porto Cervo

Porto Cervo ist der Hauptort der sich zwischen **Porto Rotondo** und **Baia Sardinia** erstreckenden **Costa Smeralda**.

SEHENSWERT

Das Kirchlein **Stella Maris** birgt Kostbarkeiten wie El Grecos berühmte Mater Dolorosa.

NACHTLEBEN

Billionaire, Loc. Golfo Pevero, www.billionairelife.com. Der in einer orientalisch ausgestatteten Märchenvilla beheimatete Club von Flavio Briatore zählt zu den exklusivsten der Welt.

RESTAURANT

€€€ Gianni Pedrinelli, Loc. Piccolo Pevero, Tel. 0789 924 36, www.giannipedrinelli.it. Wer über das nötige Kleingeld verfügt, kann hier in schlichtem weißen Ambiente bei „einfacher" Küche das illustre Costa-Völkchen erleben.

3 Arzachena

Arzachena (13 000 Ew.) entwickelte sich dank der zum Gemeindegebiet gehörenden Costa Smeralda vom einfachen Bauern- und Hirten- zum geschäftigen Einkaufsort.

SEHENSWERT/MARKT

Ein Spaziergang durch die Altstadt führt zum **Fungi**, einem gigantischen pilzförmigen Tafoni-Fels. Schöner **Bauernmarkt** (jeden Mi.).

RESTAURANT/UNTERKUNFT

€/€€ Jaddhu, Loc. Capichera (ca. 1 km nach Coddu Vecchiu), Tel. 0789 8 06 36, www.jaddhu.com. Kleines Idyll inmitten stillster Natur. 14 stilvoll gestaltete Zi., exzellentes Restaurant.

UMGEBUNG

In der näheren Umgebung von Arzachena liegen mehrere bedeutende archäologische Stätten. Kurz vor Ortsbeginn informiert darüber an der SS 125 bei km 345 ein Besucherzentrum.

Tipp

Edle Tropfen

Sardiniens einziger Wein mit der Appellation DOC und DOCG ist strohgelb, sein Duft fruchtig, der Alkoholgehalt liegt zwischen 12 und 14,5 %. Die zugelassene Anbaufläche beträgt 700 ha in 21 Galluragemeinden. Am bekanntesten sind Arzachena, Tempio Pausania, Berchidda und Monti. Den edelsten und teuersten keltert die Privatkellerei Capichera bei **Arzachena** (www.capichera.it).

WEITERE INFORMATIONEN

Zahlreiche Weingenossenschaften, private Winzer und ihre Weine lernt man bei einer Fahrt auf der Strada del Vermentino kennen (www.stradavermentinogallura.it).

Oben: Tischlerwerkstatt Paolo Fara in Aggius. Rechts: Meerblick garantiert!

Ihm gegenüber liegt der **Nuraghenkomplex Albucciu** aus dem 10.–8. Jh. v. Chr. (tgl. 9.00 bis 13.00 u. 15.00 Uhr bis Einbruch der Dunkelheit). Ein Spaziergang führt zum Tempel Malchittu aus dem 2. Jt. v. Chr. Nur einige Kilometer entfernt liegen an der Straße in Richtung **Luogosanto** im freien Feld die beiden **Gigantengräber Coddu Vecchiu** und **Li Lolghi** (tgl. 10.00–17.00, im Sommer bis 20.00 Uhr), die zu den am besten erhaltenen Sardiniens zählen. Wenige Minuten von Coddu Vecchiu entfernt wartet der **Nuraghenkomplex La Prisgiona** (tgl. 10.00–16.30, im Sommer bis 20.00 Uhr) auf Entdeckung. Sehr sehenswert ist das neue **Museo LabENur**, das anschaulich vom Leben und Arbeiten der Nuraghier berichtet (an der SP 115 von Arzachena Richtung Bassacutena, tgl. 10.00–13.00 u. 15.00–18.30 Uhr, www.anemos-arzachena.com)

❹ Palau

Pulsierendes Zentrum und Herz von Palau (4100 Ew.) an Sardiniens Nordostzipfel ist der Hafen, von dem im schnellen Takt die kleinen Fähren zur gegenüberliegenden Insel La Maddalena pendeln.

BOOTSAUSFLUG/FÄHREN

Kein Urlaub in der Gallura ohne einen Bootsausflug in die zauberhafte Inselwelt des Nationalparks mit seinen paradiesischen Stränden. Wer kein eigenes Boot hat: In der Marina bieten zahlreiche Verleiher und Veranstalter von Ausflügen ihre Dienste an. Die kleinen Fähren von Palau nach La Maddalena verkehren rund um die Uhr. Die Überfahrt dauert nur 15 Min., Tickets kauft man in der Stazione Marittima (Tel. 0789 73 90 88). Pro Person wird 1 € Nationalpark-Zuschlag erhoben.

RESTAURANT

€€/€€€ La Gritta, Loc. Porto Faro, Tel. 0789 70 80 45, www.ristorantelagritta.it. Eine kulinarische Institution. Hier auf der Terrasse mit einmalig schönem Ausblick auf das Meer und die Inselwelt von La Maddalena zu dinieren, ist ein unvergessliches Erlebnis.

UMGEBUNG

Unmittelbar westlich der Stadt thront auf der weit vorspringenden Landzunge **Punta Sardegna** die gewaltige **Festung Monte Altura** (1889–1891), die im Rahmen von Führungen zugänglich ist (tgl. 9.00–12.00 u. 15.00–18.00, Juni–Aug. 9.00–12.00 u. 17.00–20.00 Uhr). Ihr natürliches Gegenstück ist das **Capo d'Orso** östlich von Palau. Zur gigantischen Felsskulptur in Form eines Bären führt ein 15-minütiger Spazierweg hinauf (tgl. 9.00 Uhr bis Sonnenuntergang).

❺ La Maddalena

Der Archipel La Maddalena mit seinen rund 50 meist unbewohnten Inseln und Eilanden gehört zu den schönsten Wassersportrevieren im Mittelmeerraum. Das gleichnamige Hafenstädtchen (11 600 Ew.) war über Jahrhunderte ein wichtiger Marinestützpunkt. Heute beherrschen Touristen das charmante, von stattlichen Bürgerhäusern mit schmiedeeisernen Balkonen und gepflasterten Gassen geprägte Stadtbild und genießen das mediterrane Flair. Rings um die Insel führt die Strada Panoramica durch die wundersame Welt der Tafoni-Felsen und zu den Stränden. Auf dem höchsten Punkt der Insel thront die **Guardia Vecchia**, die Alte Festung.

UMGEBUNG/MUSEEN

Die **Isola Caprera** ist mit La Maddalena durch einen Damm verbunden. Auf ihr liegt mit der **Casa Garibaldi** eine Art Nationalheiligtum. Hier verbrachte der „Löwe von Caprera" seine letzten Lebensjahre, hier liegt er begraben. Sein Anwesen ist heute ein viel besuchtes **Museum** (Tel. 0789 72 71 62, www.compendiogaribaldino.it, Di.–So. 9.00–20.00 Uhr). Auf der noch von Pinienwald bedeckten Insel findet man mit dem **Museo Geo-Mineralogico Naturalistico** (1. Juni–1. Okt. Mo.–Sa. 9.00–13.00 u. 15.00–19.00 Uhr) und dem **Museo del Mare e delle Tradizioni Marinaresche** (nach Anmeldung, Tel. 340 6 90 99 13) und dem Delfinzentrum (Tel. 0789 72 78 97, Juni–Sept. tgl. 10.30 bis 13.00 u. 16.30–19.00 Uhr) drei weitere interessante Ausflugsziele.

INFORMATION

Ufficio Turismo, Piazza Barone des Geynes (am Fischerhafen), Tel. 0789 73 63 21
Nationalpark-Verwaltung, Via Giulio Cesare 7, Tel. 0789 79 02 11, www.lamaddalenapark.it

❻ Santa Teresa di Galluru

Sardiniens nördlichste Stadt (5200 Ew.) entstand auf einem Plateau hoch über einer Bucht, die an dem stets windigen und oft stürmischen Kanal zwischen Korsika und Sardinien einen geschützten Hafen bot. Heute ist sie ein beliebter, von zauberhaften Stränden umgebener Badeort.

SEHENSWERT

Der Spaziergang von der zentralen **Piazza Vittorio Emanuele** durch die von Shops und Bars gesäumte Fußgängerzone **Via del Mare** zählt zum Pflichtprogramm jeden Besuchers. Von der hoch über dem Hafen und Meer gelegenen **Piazza Libertà** blickt man über das Wahrzeichen der Stadt, den wuchtigen **Torre Longosardo**, bis hinüber nach Korsika.

RESTAURANT

€€ Da Thomas, Via Val d'Aosta 22, Tel. 0789 75 51 33, www.ristorantedathomas.it. Ein Garant für hervorragende regionale Meeresküche.

UMGEBUNG

Etwa 5 km westlich bildet das weit vorspringende, nur durch einen schmalen Sanddamm mit der Insel verbundene **Capo Testa** TOPZIEL Sardiniens „Nordkap". Dort gibt es nur wenige Parkmöglichkeiten – wer kann, sollte von der Stadt zu Fuß oder mit dem Fahrrad auf dem schön angelegten Naturkundeweg zum meist gut besuchten Kap hinausspazieren (ca. 1 Std).

INFORMATION

Ufficio Turismo, Via XX Settembre, Tel. 0789 75 41 27, www.santateresagalluraturismo.it

❼ Tempio Pausania

Das ganz aus dem grauen Granit der Region Gallura errichtete Bergstädtchen (14 300 Ew.) liegt umgeben von ausgedehnten Korkeichenwäldern in 550 m Höhe zu Füßen des 1362 m hohen Monte Limbara.

Tipp

Jazzfestival

Berchidda südöstl. von Tempo Pausiano ist der Geburtsort des Jazztrompeters Paolo Fresu. Seit knapp 20 Jahren veranstaltet der international gefeierte Musiker hier im August mit **Time in Jazz** (www.timeinjazz.it) eines der wichtigsten Jazzfestivals Italiens.

SEHENSWERT
Von der zentralen **Piazza Gallura** führt eine Fußgängerzone (**Via Roma**) vorbei an der **Kathedrale San Pietro** quer durch den historischen Stadtkern. Das Innere des denkmalgeschützten **Bahnhofs** wurde von dem berühmten sardischen Maler Giuseppe Biasi ausgemalt. Etwas außerhalb in einem Hain liegt die **Fonte Rinaggiu**, Tempios wasserreichste Quelle.

RESTAURANT UND UNTERKUNFT
€€€ **L'Agnata di De André**, Loc. Agnata, Tel. 079 67 13 84, www.agnata.com. Eine zauberhafte Oase der Stille und der Genüsse.
€ **Nuraghe Majori**, außerhalb an der SS 131 bei km 1,5, Tel. 320 3 06 06 34. Eingebettet in die stille Natur beim Nuraghen Majori servieren Roberto und Patrizia echte cucina sarda, stilecht auf Korkeichenrinde.

UMGEBUNG/MUSEUM
Das Bergdörfchen **Aggius** liegt 8 km nordwestl. zu Füßen einer schroffen Bergkette. Interessant ist das **Museo di Banditismo** (Tel. 079 62 10 29, www.museodiaggius.it, 1.4.–14.10. tgl. 10.00 bis 13.00 u. 15.30–18.30, sonst Di.–So. 10.00 bis 13.00 Uhr). Ein herrliches Refugium für Wanderlustige ist das **Monte-Limbara-Massiv**. Vom Gipfel eröffnet sich ein Panoramablick über ganz Nordsardinien bis nach Korsika. Bis zur Madonna della Neve nur wenig unterhalb der 1362 m hohen Punta Balistreri führt eine gut befahrbare Straße hinauf.

INFORMATION
Ufficio Turismo, Piazza Mercato 1 (in der alten Markthalle), Tel. 079 6 39 00 80, www.visit-tempio.it

8 San Teodoro und Budoni

Die beiden einstigen kleinen Fischerdörfchen San Teodoro (4800 Ew.) und Budoni (5000 Ew.) haben sich zu einem der meistbesuchtesten Badezentren Sardiniens entwickelt. Weitläufige Feriendörfer umschließen nun ihre alten Ortskerne. Grund dafür sind die schier endlosen Traumstrände, die einen Vergleich mit der Karibik nicht zu scheuen brauchen. Berühmt ist der Strand **La Cinta**, nicht minder schön die Mondsichelbucht **Cala Brandichini** am **Capo Coda Cavallo** oder die **Cala Budoni**. Neben einer umfassenden touristischen Infrastruktur bieten sie mit Discos, Clubs und Bars auch ein abwechslungsreiches Nachtleben.

RESTAURANT UND UNTERKUNFT
€€ **Agriturismo Muru Idda**, Fraz. San Lorenzo, Tel. 338 5 25 75 02, www.agriturismo muruidda.oneminutesite.it. Hier kann man sich quer durch meisterhaft zubereitete sardische Küche schlemmen.
€/€€ **Villaggio Puntaldia**, Loc. Puntaldia, 08020 San Teodoro, Tel. 0784 68 45 00, www.residencepuntaldia.com. Familienfreundliches Minidorf direkt am Strand.

Genießen Erleben Erfahren

DuMont Aktiv

Eldorado für Biker

Urlaub auf Sardinien mit dem Zweirad wird von Jahr zu Jahr beliebter. Die Insel bietet für alle Rad-Enthusiasten vom Rennradler über den Mountainbiker bis zum Downhill-Freak jede Menge guter Möglichkeiten. Etwas Pioniergeist sollte man dabei allerdings schon mitbringen.

Jede Region bietet ihre eigenen, ganz speziellen Reize und Attraktionen für Radler. Die von Geländepisten und Forststraßen durchzogene Region Gallura im sardischen Norden ist ein Eldorado für Mountainbiker. Genussradler mit weniger sportlichen Ambitionen fühlen sich in der Ebene um Oristano wohl. Die Bergbauregionen im Südwesten locken mit einem Netz alter unbefestigter Straßen, die einst für die Fahrt von und zu den Bergwerken angelegt wurden. Auf den überwiegend gut ausgebauten, fast verkehrsfreien, aber sehr kurvenreichen Bergstrecken im Inneren Sardiniens fühlen sich die Rennradler wohl. Wer sich hier ins Gelände begibt, sollte über einen guten Orientierungssinn verfügen, denn ausgeschilderte Wege gibt es nicht. Deshalb ist es auch durchaus ratsam, sich an einen der Veranstalter zu wenden, die inselweit geführte Touren anbieten. Ihr Vorteil: Sie kennen sich in ihrer Region sehr gut aus, verleihen auch Räder und leisten Pannenservice.

Wer plant, die ganze Insel auf zwei Rädern zu erkunden, der ist bei Sun Events (siehe unten) an der richtigen Adresse, denn dieser Veranstalter ist mit derzeit fünf Stationen auf ganz Sardinien aktiv.

Weitere Informationen

Sun Events, Via Veneto 16, 09023 Monastir, Tel. 070 9 17 76 83, www.suneventsoutdoor.com

Deutschsprachige Mitarbeiter, inselweit Anlieferung von Leihrädern, Ausarbeitung von individuellen Radreisekonzepten.

Sardinien mit dem Zweirad ist ein Erlebnis – nicht nur hier an der Costa Smeralda.

Berge und Meer

Sardiniens Ostküste zwischen Posada und Barisardo ist gesegnet mit herrlichen Stränden und Buchten. Unterbrochen wird der Strandreigen bei Dorgali vom mächtigen Massiv des Supramonte, der dort, wo er in lotrechten Felswänden ins Meer abfällt, den Golfo di Orosei formt, die schönste Steilküste der Insel. Das wildromantische Karstgebirge ist ein Eldorado für Aktivurlauber aller Art. Auch die Berge der Ogliastra bieten dafür viele Gelegenheiten.

Die porphyrhaltigen roten Klippen des Capo Bellavista bei Arbatax wirken wie ein grandios inszeniertes Schauspiel der Natur.

Als wäre die Zeit hier stehengeblieben: Via al Marmora im historischen Zentrum von Orosei.

Über die Dächer von Orosei erhebt sich der Campanile der Chiesa di San Giacomo Maggiore.

Die Cala di Luna wird täglich von Ausflugsbooten angesteuert. Sie ist auch auf einem schmalen Wanderweg die Steilküste entlang zu erreichen (ca. 2,5 Stunden).

Ein Muss für jeden Besucher des sardischen Ostens ist ein Ausflug zu den Traumbuchten an der Steilküste des Golfo di Orosei – hier die idyllische Cala Gabbiani.

Orosei am letzten Sonntag im Mai, dem Tag der großen Prozession „Nostra Signora del Mare". Am Morgen werden die Fischerboote im Schatten des Oratorio del Rosario auf der zentralen Piazza del Popolo von den Fischerfamilien mit viel Liebe und Aufwand in farbenprächtige Blumenkähne verwandelt. Am späten Nachmittag setzt sich die Prozession in Gang. Angeführt von der Madonna werden die Blumenboote durch die Stadt bis zur Brücke über den Temo getragen und zu Wasser gelassen. Besetzt mit kirchlichen und weltlichen Würdenträgern in prachtvoller Robe und Tracht gleitet der Konvoi langsam den Fluss hinab bis zum kleinen weißen Pilgerkirchlein an der Flussmündung. Nach einem Gottesdienst beginnt die Speisung aller Teilnehmer. Tausende von Panini, gefüllt mit frisch bereitetem Insalata di Polpo, werden kostenlos verteilt.

Abseits des großen Rummels

Streift man durch die Gassen im historischen Zentrum von Orosei, so ist es, als wandle man durch die von Armut, Aberglauben und archaischen Kodexen bestimmte Welt der Schwestern Pintor und ihrem Knecht Efix, den Hauptpersonen in Grazia Deleddas Roman „Schilf im Wind" (Canne al vento), für den sie 1926 den Literaturnobelpreis erhielt. Enge Pflastergassen, schwarz gekleidete Witwen, streunende Katzen, bärtige Männer; die Gesichter von Wind und Wetter gegerbt. Und mit jedem Kilometer, den man auf der Orientale Sarda, der Küstenstraße von Olbia in Richtung Süden, fährt, rückt der mediterrane Strandrummel weiter in die Ferne. Dorgali, ein hübsches Bergstädtchen aus Bruchsteinhäusern, für exzellenten Cannonau-Wein und Pecorino-Käse bekannt, hat sich viele Traditionen bewahrt. Kleine Werkstätten offerieren handgefertigte Lederwaren, in Webereien kann man den Frauen zusehen, wie sie an ihren musealen Webstühlen die alten Muster in Teppiche aus Schafwolle weben. Von der Küste ist Dorgali durch einen schroffen Berg-

Blick auf den Lago del Cedrino im Nationalpark Golf von Orosei und Gennargentu.

Eine Wanderung von Dorgali zur Cala di Luna erschließt die ganze Schönheit des Nationalpark-Areals.

Frei lebende Esel auf der Hochebene Su Golgo in der Nähe von Baunei.

Portalstele des Gigantengrabs S'Ena'e Thomes in der Nähe von Dorgali.

zug getrennt. Und doch sieht man in den Gassen zwischen den eng aneinandergedrückten Bruchsteinhäuschen viele Touristen. Darunter auffällig viele sportliche Naturen im Outdoorlook. Angelockt werden sie vom Supramonte, einem mächtigen Gebirgszug, dessen kahle Kalkgipfel in der Sonne leuchten, als wären sie mit Schnee bedeckt.

Spektakuläre Natur

Das Supramonte-Massiv legt sich bei Dorgali wie ein gewaltiger Sperriegel quer. Im Golfo di Orosei formt es eine atemberaubend schöne Küstenlandschaft: ein Eldorado für Kletterer aller Art. Viele Grotten und Höhlen durchlöchern den Kalkstein. Eingestreut in die faszinierende Felskulisse leuchten kleine Traumstrände und malerische Robinson-Buchten. Das Wasser ist kristallklar und von geradezu unnatürlichem Blau. Der Golf von Orosei, Sardiniens spektakulärstes Naturschauspiel, ist Teil des Nationalparks Gennargentu und Golfo di Orosei. Auf dem Landweg ist er nur an wenigen Stellen über lange, beschwerliche Fußmärsche durch steile Schluchten zu erreichen. Um Badeparadiese wie die Cala Goloritze oder die märchenhaften Höhlen Grotta di Bue Marino und Grotta del Fico zu besuchen, muss man eines der Ausflugsboote von Cala Gonone nehmen. Wer weiter in Richtung Süden will, muss den Supramonte überqueren. Direkt nach Dorgali führt die Orientale in vielen Kurven und Kehren durch eine grandiose Bergnatur immer weiter hinauf, bis sie dann am Genna-Silana-Pass in 1017 Metern Höhe ihren Scheitelpunkt erreicht. Von der Passstation führt ein Wanderweg über Geröllfelder sowie durch uralte Kork- und Steineichenwälder zu imposanten Zielen wie der Gola Su Gorruppu, eine der tiefsten Schluchten Europas, oder zu dem versteckten Monte Tiscali, wo die letzten Vertreter des rätselhaften Nuraghiervolkes (siehe Special S. 85) in einer gigantischen Höhle ihre letzte Zuflucht fanden. Nach der Passhöhe schlängelt sich die Straße durch die hochalpine Einsamkeit zum „Mare di Urzulei", in dem sich nach Regenfällen ein knöcheltiefer See bildet, der vielen Tieren als Tränke dient.

Am Genna Sarbene führt die Orientale, nach beiden Seiten den Blick freigebend, über einen schmalen Gebirgsgrat. Auf der einen Seite verliert er sich in der Felskulisse des Supramonte, auf der anderen reicht er hinab in die Küstenebene der Ogliastra. Wie ein gigantisches Amphitheater der Natur liegt einem hier die nach dem „Olivastro", der wilden Olive, benannte Region zu Füßen: Vorn das schimmernde Meer, gesäumt vom goldenen Band seiner endlosen Strände, dann die weite fruchtbare Küstenebene, hinter der sich im Halbkreis die Berge übereinanderstapeln.

Sardisches Musterdorf

Mit seinen ungezählten Quellen und Wasserfällen ist das beschauliche, weitab von den Stränden gelegene Bergdorf Sadali nicht nur schön, sondern auch ein gelungenes Beispiel dafür, wie man einem der größten Probleme der Insel, der Landflucht junger Menschen an die Küste und in die Städte und die damit einhergehende Entvölkerung im Inselinneren, wirkungsvoll begegnen kann. Seit die Gemeinde jeder Familie, die zuzieht, in den ersten Jahren einen nicht geringen Zuschuss zum Leben bezahlt, kamen Dutzende junger Menschen aus ganz Italien nach Sadali. Wer Kinder mitbringt, erhält dafür noch einmal einen soliden finanziellen Bonus. Da die Neuen zum

Sardiniens Osten ist ideal für Individualisten und Genießer.

Malerisch an der Südflanke des Supramonte mit herrlichem Blick über die Ogliastra liegt auf 480 Metern Höhe das ehemalige Hirtendorf Baunei.

Als Kind wurde die in Ulassai geborene Maria Lai (1919–2013) in die Berge geschickt, um Hirten Brot zu bringen. Unterwegs versteckte sie sich vor einem Sturm in einer Höhle. Als sie davor ein blaues Band sah, ging sie wieder hinaus und wurde so wie durch ein Wunder vor den hinter ihr einstürzenden Felsmassen gerettet. Daraus entstand ihre poetische Idee, ihr ganzes Dorf der (Handwerks-)Kunst zu widmen.

Das blaue Band der Fantasie: Bis heute webt man in Ulassai nach Entwürfen von Maria Lai.

Unweit von Ulassai taucht man in der Grotta di Su Marmuri ein in die faszinierende Welt der Stalagmiten und Stalaktiten. Zu besichtigen ist die Höhle nur von Mai bis Oktober auf geführten Erkundungstouren.

Special

Trenino Verde

Sardische Schmalspurbahn

Die schönste Art, die Bergwelt der Ogliastra zu entdecken, ist eine Fahrt mit dem „grünen Züglein". Angelegt wurden solche Schmalspurstrecken meist von sardischen Minenbesitzern, um die Erze abzutransportieren und Minenholz anzuliefern. Ein dichtes Netz durchzog einst die ganze Insel. Fahrplanmäßig verkehrt heute nur noch die Linie von Cagliari nach Mandas sowie von Alghero nach Sassari und Sorso. Die Strecken von Palau über Tempio bis Nulvi, von Bosa Marina nach Macomer sowie von Isili bis Sorgono und von Mandas nach Arbatax verdanken ihr Überleben allein dem Tourismus: Als „Trenino Verde" (grünes Züglein) schnaufen und rattern sie nur noch im Sommer durch die wunderschöne Inselnatur.

Aber eine Fahrt mit dem Trenino ist nicht nur ein Spaß für die ganze Familie. Da ihre zahlreichen Bahnhöfe oft weit außerhalb der Bergdörfer liegen, sind sie auch ein ideales Verkehrsmittel für Wanderer, Radler und andere Outdooraktivisten.

Sadali: unterwegs auf schmaler Spur.

Doch ob der Tourismus die sardische Schmalspurbahn retten kann, ist fraglich. Es gibt konkrete Pläne der Inselregierung, alle derzeit noch frequentierten Strecken endgültig stillzulegen, weil ihr Unterhalt zu teuer ist.

Stazione FdS, Via Lungomare, (Juni bis Sept. über Lanusei, Sadali bis Mandas. Länge 159 km, Info und Buchung: www.treninoverde.com).

Aufbau ihrer Existenz auch neue Ideen mitbringen, hat sich das Dorf sichtbar verändert. Ein gutes Beispiel dafür sind Battista und Veronica, die einen alten Getreidespeicher in ihr Albergo Monte Granatico verwandelten, eines der ersten EU-zertifizierten Ökohotels der Insel. Im Restaurant bereitet Veronica Leckeres aus dem eigenen Ökogarten zu, Battista fertigt in seinem Atelier aus allerlei Material erstaunliche Kunstwerke und Skulpturen. Andere gestalteten historische Gemäuer in einladende Unterkünfte um oder eröffnen eine charmante Degustazione, in der man die Spezialitäten der Insel und der Region bei einem Glas Wein kosten und kaufen kann.

Pleite mit Ansage

Ein Beispiel für eine völlig verfehlte Strukturpolitik lässt sich dagegen im Hafen von Arbatax besichtigen. Dort rottet eine stillgelegte Papierfabrik still vor sich hin. Sie entstand bereits in den 1970er-Jahren im Rahmen eines nationalen, milliardenschweren Förderprogramms, das dringend benötigte Arbeitsplätze auf die Insel bringen sollte. Doch eine Papierfabrik braucht das entsprechende Holz, also Bäume – die es auf Sardinien gar nicht gibt. Folglich mussten diese erst aufwendig per Schiff herbeigeschafft werden. Damit war die Pleite vorprogrammiert.

Die schönsten Strände

Sommer, Sonne, Sand(strand)

Nirgendwo sonst im Mittelmeer gibt es mehr und schönere Strände als hier. Hier findet jeder – selbst in der Hochsaison im August – sein ganz persönliches Strandparadies: endlose Sandbänder, nur mit dem Boot zu erreichende Traumbuchten, von roten Felsen umsäumte goldgelbe Baderefugien, von mächtigen Granitfelsen durchsprenkelte oder von Lagunen gesäumte Bilderbuchstrände ...

1 Wunder der Natur

Die einzigartigen Robinson-Buchten an der kolossalen Steilküste des Golfo die Orosei sind nur mit dem Boot zu erreichen (siehe DuMont Aktiv, S. 55). Das Spiel der Farben ist atemberaubend. Schneeweiß die vom ewigen Wellengang rund gewaschenen Kalkkiesel des Strandes, kristallklar das intensiv von smaragdrün bis azurblau schimmernde Meer. Gigantische Felsenbrocken schaffen intime Strandseparées und bieten beste Gelegenheit zum Sprung in das von unterseeischen Süßwasserquellen schmeichelnd weich gespülte Wasser. In der Hauptsaison bietet eine kleine Strandbar Versorgung mit Snacks und Getränken, außerhalb davon sollte man einen wohlgefüllten Picknickkorb nicht vergessen.

Cala Mariolu – Baunei/Golfo di Orosei. Tagesausflug mit dem Ausflugsboot oder individuell mit Leihboot (auch führerscheinfreie), Bootsverleihe in den Häfen von Cala Gonone, Arbatax und Santa Maria Navarrese.

2 Expedition in die Sahara Sardiniens

Die einsame, völlig unbesiedelte, ganz im Südwesten Sardiniens gelegene Costa Verde mit ihren fantastischen Stränden und enormen Dünenlandschaften trägt zu Recht den Beinamen „Sahara Sardiniens". Die gesamte Küste ist eines der bedeutendsten Naturschutzgebiete Italiens und einer der letzten Orte, an denen Meeresschildkröten ihre Eier in den Sand legen. Die Strände sind nur an zwei Stellen mit dem Auto zu erreichen. Zur Mündung des Riu Piscinas, wo mit dem „Wüsten-Hotel" Le Dune das einzige Gebäude an der Costa Verde zu finden ist, führen zwei Geländepisten. Den viel weniger besuchten, aber wunderschönen Strand von Scivu erreicht man über eine 15 km lange schmale Teerstraße. Sie endet auf einem Parkplatz, an dem in Sommer eine einfache Bar Drinks und Snacks anbietet. Der Blick hinab auf den von roten Felsen und Wacholdersträuchen gesäumten Strand versetzt den Betrachter in eine ganz eigene Welt und den Liebhaber von Stille und Einsamkeit in helles Entzücken. Die Natur der Costa Verde ist so einzigartig wie verletzlich. Deshalb sollte auch jeder die zu ihrem Schutz erlassenen Ge- und Verbote beachten!

Scivu – Costa Verde. Anfahrt Piscinas entweder über Marina di Arbus auf einer etwa 8 km langen Geländepiste, auf der zwei Bachfurten durchfahren werden müssen, oder über die verlassende Bergarbeitersiedlung Ingurtosu (die letzten Kilometer als staubige Rüttelpiste). Nach Scivu zwischen km 72 und 73 von der SS 126 abbiegen und auf einspuriger Teerstraße 16 km weiter bis zum Parkplatz.

3 Turbulentes Strandleben

Der Strand des beliebten Urlaubsorts Villasimius zieht sich über Kilometer bis zu einem vorspringenden, vom Torre di Giunco bekrönten Felsenkap. Direkt hinter dem Sandband warten zahlreiche Strandbars und Restaurants auf Besucher, Surf-, Kite- und Tretbootverleihe offerieren Sport- und Spielgeräte. Am schönsten ist die Spiaggia di Porto Giunco – eine feinsandige, goldgelbe, sanft in das schimmernden Meer abfallende Sandbrücke, die landeinwärts die Strandlagune „Stagno Notteri" begrenzt.

Porto Giunco – Villasimius. Den Parkplatz am Strand erreicht man, indem man der Straße hinaus zum Capo Carbonara folgt und dann links in eine staubige Piste durch die Macchia hinab zum Strand abbiegt.

4 Königliche Anmut

Rings um das lebendige Urlaubsstädtchen Santa Teresa di Gallura reihen sich viele wunderschöne Badestrände. Als Königin gilt die Spiaggia Rena Maiore in der unter Naturschutz stehenden Cala Vall Alta etwa 8 km südlich der Stadt: ein unberührtes Strandparadies zwischen weißen Dünen, grüner Macchia, angenehmen Schatten spendenden Pinien und malerischen Klippen. Eine rustikale Strandbar lädt zum eisgekühlten Drink, Schnorchler kommen auf ihre Kosten, Wellenreiter ebenso – und wenn der Maestrale heftig bläst, finden auch Surfer und Kiter hier ihr Glück.

Rena Maiore – Santa Teresa Gallura. Anfahrt auf der SP 90 8 km in Richtung Castelsardo, dann rechts 600 m unbefestigte Piste bis Strandparkplatz.

5 Heißer Sand

Dem langen Puderzuckersandband der Spiaggia La Colonia schließt sich die wunderschöne Spiaggia Su Giudeu an. Der kinderfreundlich flach abfallende feine Sandstrand und die Dünen sind von Menschenhand unberührt. Aber direkt dahinter bieten Strandbars, Restaurants, Surfschulen und andere Einrichtungen ihre Dienste an. Achtung: Hier ist der Atem Afrikas schon sehr deutlich spürbar – entsprechend heiß wird auch der Sand.

Su Giudeu – Chia/Domus de Maria. Anfahrt von der SS 195, bei Domus de Maria in die Via del Porto abbiegen (Schild „Camping Torre Chia") und weiter bis zum Ende der Straße. Zur Spiaggia Su Giudeu kurz nach dem Chia Laguna Resort von der SS 195 abbiegen, Sandpiste bis Parkplatz direkt hinter den Dünen.

6 Lieblingsstrand der Kaiserin

Die Cala Soraya klingt nach Exklusivität und Luxus. Exklusiv ist sie schon deshalb, weil sie nur mit dem Boot zu erreichen ist. Für den Luxus steht die Namensgeberin Soraya: die erste Frau von Schah Reza Pahlavi erkor die von pittoresken Felsen umsäumte, sanft geschwungene Traumbucht zu ihrerm Lieblingsstrand. Der weiße Puderzuckerstrand fällt sanft ins Meer ab und lässt das kristallklare Wasser wie ein Edelsteincollier im gesamten Farbspektrum funkeln. Sonnenschirm, Picknickkorb und viel kühles Wasser sind hier mitzubringen.

Cala Soraya – Isola Spargi. Anfahrt mit einem Ausflugsboot ab Hafen Palau oder auf eigene Faust mit einem Leihboot (auch führerscheinfrei) ab Hafen Palau oder La Maddalena.

7 An der Smaragdküste

Ganz einfach zu erreichen und mit allem ausgestattet, was zu einem erfüllten Strandtag gehört, ist die Spiaggia Capriccioli an der Costa Smeralda. „Sehen und gesehen werden" lautet hier das Motto. Man mietet sich eine Strandliege mit Sonnenschirm, genießt kühle Cocktails in der Strandbar oder zeigt sich sportiv beim Beach-Volleyball. Wem das Getümmel zu viel wird, der spaziert ein Stück weiter. Zwischen rund gewaschenen Granitfelsen verstecken sich intime kleine Strandseparées.

Capriccioli – Costa Smeralda. Anfahrt: Von der SP 73 in die SP 94 Richtung Porto Ceervo abbiegen, dann nach 8 km in die SP 160 Richtung Cala di Volpe/Capriccioli und ca. 3 km bis zum großen Strandparkplatz.

Golfo di Orosei
Parco Nazionale del Gennargentu e del Golfo di Orosei
NUORO
Orosei
Dorgali
Cala Gonone
Oliena
Orgosolo
Mamoiada
Fonni
Gavoi
Ottana
Orani
Sarule
Olzai
Ollolai
Ovodda
Tiana
Sorgono
Tonara
Desulo
Aritzo
Belvì
Gadoni
Seulo
Sadali
Seui
Ussassai
Gairo
Osini
Ulassai
Jerzu
LANUSEI
Ilbono
Elini
Arzana
Villagrande Strisaili
Talana
Urzulei
Baunei
Triei
Lotzorai
Girasole
TORTOLI
ARBATAX
Bari Sardo
Cardedu
Tertenia
Perdasdefogu
Escalaplano
Esterzili
Laconi
Nurallao
Isili
Nurri
Orroli
Mandas
Gergei
Serri
Barumini
Ballao
Armungia
Silius
San Basilio
Senorbì
Suelli
Siurgus-Donigala
Goni
Punta La Marmora
Bruncu Spina
Gola su Gorruppu
Santa Maria Navarrese
Isola dell'Ogliastra
Capo Bellavista
Marina di Gairo
Capo Sferracavallo
Punta Moros
Maßstab 1:365.000
0
6km
1
2
3
4
5
6
7

Buchten und Strände, Berge und Höhlen

Entlang der Orientale Sarda, der vom Nordosten ins südliche Cagliari führenden Staatsstraße 125, fährt man fast immer nur wenige Kilometer vom Meer entfernt. Den Blick darauf wie den leichten Zugang dorthin versperren allerdings hohe, unwegsame Berge. Die dahinter liegenden Naturschönheiten und traditionellen Dörfer erkundet man am besten auf Tagesausflügen von den Badeorten an der Ostküste aus.

1 Orosei

Die Kleinstadt (7000 Ew.) liegt im fruchtbaren Tal des Cedrino etwa 2 km von der Küste entfernt. Eine Besonderheit ist, dass der Cedrino direkt hinter dem Strand über Kilometer hinweg parallel zur Küste fließt und in den Schilfzonen entlang seines Laufs wie an seiner Mündung ein wertvolles Vogelparadies schuf.

SEHENSWERT/MUSEUM

Ausgangspunkt für einen Rundgang durch das historische Zentrum ist die von Palmen beschattete, von zwei Kirchen gesäumte **Piazza del Popolo**. Eine Freitreppe führt hinauf zur barocken **Pfarrkirche San Giacomo** und die an sie angebaute **Kapelle Santa Croce**. Ihr gegenüber liegt das 1670 als Sitz der Rosenkranzbruderschaft erbaute **Oratorio del Rosario**. Kulturhistorisch bedeutend ist die ehemalige, im 15. Jh. angelegte **Klosteranlage Sant' Antonio Abate** an der **Piazza Sant'Antonio**. Auf dem von Pilgerhütten umrahmten Gelände erhebt sich hinter der Klosterkirche der **Torre di Sant'Antonio**, ein vierstöckiger pisanischer Verteidigungsturm. Im historischen Zentrum zeugen zahlreiche historische Palazzi vom einstigen Wohlstand der Stadt. Der **Palazzo Guiso** dient heute als Museum. Zu den Schätzen gehört neben wertvollen Gemälden, kostbaren Trachten und Kleidern von Modepäpsten wie Dior, Versace oder Valentino eine Sammlung historischer Puppentheater, die die Adelsfamilie Guiso zusammentrug.

UNTERKUNFT

€€/€€€ **Anticos Palathos**, Via Nazionale 51, Tel. 0784 9 86 04, www.anticospalathos.com. Eines der romantischsten Hotels der Insel, untergebracht in einem verwinkelten historischen Palazzo mit nur 9 Zi. Hier logiert man so stilvoll, als wäre man Gast bei Baron Guiso persönlich.

VERANSTALTUNG

Höhepunkt im Festtagskalender von Orosei ist die farbenprächtige **Bootsprozession Nostra Signora del Mare**. Als Dank für die Rettung der Stadt vor einem verheerenden Unwetter werden am letzten Sonntag im Mai prachtvoll mit Blumen geschmückte Fischerboote durch den Ort zum Fluss Cedrino getragen, um dann im Konvoi zur kleinen Pilgerkirche Santa Maria an der Flussmündung zu prozessieren und dort einen Dankgottesdienst zu halten. Daran anschließend feiert man rings um die Kirche ein Fest, bei dem traditionell kostenlose, mit Oktopussalat gefüllte Panini verteilt werden.

UMGEBUNG

Wenige Kilometer landeinwärts liegt das kleine Örtchen **Galtelli**, das der italienischen Literaturnobelpreisträgerin Grazia Deledda als Vorbild diente. Auf keinen Fall versäumen sollte man einen Ausflug auf den 806 m hohen Gipfel des **Monte Tuttavista**, zu dem eine einspurige Straße hinaufführt. Der Rundum-Panoramablick ist unvergesslich!

Tipp

Fahrt ins Paradies

Etwa 20 km nördlich von **Orosei** liegt an der Staatsstraße 125 bei km 236,5 der Eingang zum **Parco Oasi di Biderosa,** ein paradiesisch schönes Stück nahezu unberührter Küste mit gleich fünf Traumstränden. In das 800 ha große Schutzgebiet werden tgl. nur max. 400 Personen und 140 Autos eingelassen.

WEITERE INFORMATIONEN
1. Mai–30.Okt. tgl. 7.30–20.00 Uhr, Tickets bei der Forstverwaltung am Eingang oder bei der Coop Le Ginestre (Via del Mare, Orosei, Loc. S'Isula, Tel. 333 1 79 83 35, www.oasibiderosa.it).

Blick vom Monte Tuttavista über Berg und Tal.

2 Dorgali

Umgeben von Weinbergen, liegt Dorgali (8500 Ew.) am Hang des Monte Bardia hoch über dem fruchtbaren Tal des Cedrino. Das charmante Bergstädtchen entwickelte sich zu einem Zentrum für Outdoor-Sportler. Zudem ist der Ort berühmt für sein vielfältiges Kunsthandwerk, seinen Cannonau (Rotwein) und seinen Pecorinokäse.

MUSEEN

Einen Besuch lohnen das **Museo Archeologico** (Via Lamarmora, www.museoarcheologicodorgali.it, Mai–Sept. tgl. 9.30–13.00 u. 16.00 bis 19.00, sonst Di.–So. 9.30–13.00 u. 15.30 bis 18.00 Uhr) und das **Museo Fancello** (Corso Umberto 37, Juni–Sept. 9.30–12.30 u. 17.30–19.30 Uhr, sonst auf Anmeldung Tel. 0784 92 72 42, Eintritt frei). Letzteres zeigt Werke des 1916 in Dorgali geborenen Künstlers Salva Fancello.

RESTAURANT/UNTERKUNFT

€/€€ **Sant'Elene**, Loc. Sant'Elene, Tel. 0784 9 45 72, www.hotelsantelene.net. Auf einem Hügel in herrlicher Alleinlage im Tal des Flumi-

Oben: in der Grotta del Fico.
Rechts: Jet-Ski im Golf an der Küste vor Cala Gonone.

neddu an der Straße zur Su Gorruppu-Schlucht gelegenes familiengeführtes Haus mit 7 Zi., toller Panoramaterrasse und guter Küche.

UMGEBUNG

Etwa 10 km nordwestl. liegt an der SP 38 das steinzeitliche, zwischen 1200 und 900 v. Chr. entstandene **Nuraghierdorf Serra Orrios**, mit seinen zwei Tempeln und rund 70 Rundhütten eines der bedeutendsten Sardiniens (ganzj. tgl. 10.00–12.00 u. 14.00–16.00, April–Juni u. Sept. bis 17.00, Juli/Aug. bis 18.00 Uhr). Etwa 2 km nach Serra Orrios liegt das frei zugängliche Großsteingrab **Sa' Ena'e Thomes** rechts der Straße im freien Feld. Südöstl. davon liegt nahe der Küstenstraße die **Grotta di Ispinigoli** mit ihrem 38 m hohen, bis zu 2 m dicken Stalagmiten „Ispinigoli" („Stachel im Rachen"), dem zweitgrößten Tropfstein der Welt (Anfahrt ausgeschildert, stündl. Führungen, April/Mai/Okt. 10.00–17.00, Juni–Sept. 10.00–18.00, Nov./Dez. 11.00–12.00 Uhr).

❸ Cala Gonone

Der ehemalige Fischerort (1000 Ew.) ist von Dorgali durch einen Bergzug getrennt. Die Zufahrt führt durch einen Tunnel. Obwohl der Strand künstlich aufgeschüttet wurde und die Sonne schon früh hinter dem Bergzug verschwindet, ist Cala Gonone heute ein vielbesuchter, fast ausschließlich aus Hotels und Restaurants bestehender Ferienort. Grund dafür ist die grandiose Steilküste am **Golfo di Orosei** TOPZIEL (siehe DuMont Aktiv, rechte Seite), zu der von Cala Gonone aus Ausflugsboote starten. Hinzu kommen die Felswände der umliegenden Berge – ideal für Outdooraktivitäten.

MUSEUM

Das **Museo della Foca Monaca** informiert über die vom Aussterben bedrohten Mönchsrobben, die einst in der Grotta del Bue Marino Zuflucht fanden (Viale Bue Marino 1, www.ceafocamonaca.it, Mai–Okt. tgl. 9.30–12.30 u. 15.30 bis 19.30, Nov.–April Mo.–Sa. 9.00–13.00 Uhr).

RESTAURANT UND UNTERKUNFT

€/€€ Agriturismo Codula Fuili, Loc. Codula Fuili, Tel. 328 7 34 08 63, www.codulafuili.com. Agriturismo in herrlicher Alleinlage hoch über der Steilküste und der Cala di Luna mit atemberaubender Aussicht, in dem beste authentische sardische Gerichte aus eigenen Produkten zubereitet werden.

€€/€€€ Nuraghe Arvu, Viale Bue Marino, Tel. 0784 92 00 75, www.hotelnuraghearvu.it. Hoch über dem Ort kreisförmig um einen Pool herum gruppiertes, im Stil eines Minidorfes angelegtes blumenreiches 4-Sterneresort. Alle Zi. mit Terrasse oder Balkon.

UMGEBUNG

Zur **Grotta del Bue Marino**, den Buchten **Cala di Luna**, **Cala di Sisine** und weiteren Badeparadiesen im Golfo di Orosei fahren Ausflugsboote vom Hafen (Info/Vorbestellung: Consorzio Trasporti Marittimi, Viale Colombo 5, Tel. 0784/9 33 05, www.calagononecrociere.it).

INFORMATION

Tourist-Information, Viale Bue Marino, Tel. 0784/9 36 96, www.dorgali.it

❹ Baunei und Santa Maria Navarrese

Das Bergdorf **Baunei** (3700 Ew.) liegt in knapp 500 m Höhe an der SS 125 „Orientale". Von hier führt die Straße hinauf auf den wildromantischen **Altopiano Su Golgo**: Auf dem unbesiedelten Hochplateau liegt „Su Sterru", ein 295 m tiefer Karstschlund. Exkursionen zu Fuß, mit dem Pferd oder Jeep bietet das Centro Escursioni Golgo (www.coopgoloritze.com), das in seinem Restaurant ausgezeichnete Hirtenküche anbietet. Bei der einsam in der Natur gelegenen **Bar Su Porteddu** beginnt ein schöner Wanderpfad, auf dem man in die Traumbucht **Cala Goloritzè** hinabwandern kann. Die Straße endet bei der von uralten Olivenbäumen umringten Pilgerkirche San Pietro. Zu Baunei gehört der charmante Badeort **Santa Maria Navarrese** mit seinen kilometerlangen Badestränden und über 1000 Jahre alten Olivenbäumen beim schlichten Kirchlein.

RESTAURANT UND UNTERKUNFT

€ L'Olivastro, Lido delle Rose, Tel. 0782 61 55 13. Kein wirkliches Restaurant, aber eine zauberhafte, unter der ausladenden Krone eines gigantischen Olivenbaums direkt über dem Strand gelegene Bar, in der es auch Snacks und eine gute Pizza gibt.

€€ Hotel Nascar, Via Pedras 2, Tel. 0782 61 53 14,www.nascarhotel.eu. Kleines Komforthotel im ehemaligen Getreidespeicher mit 12 so liebe- wie geschmackvoll eingerichteten Zimmern und einem gepflegten Restaurant.

INFORMATION

Tourist-Information, Piazza Principessa di Navarra 19, Tel. 0782/61 53 30, www.turismobaunei.it

❺ Tortoli und Arbatax

Das quirlige Städtchen **Tortoli** (11 000 Ew.) bietet als Verwaltungs- und Versorgungszentrum der Region alles an Märkten, Läden, Shops und sonstigen Einrichtungen. Zu Tortoli gehört der Hafen von **Arbatax** TOPZIEL, von dem aus in der Saison Fähren nach Civitavecchia verkehren. Von der Marina Arbatax starten Ausflugsboote zur Steilküste am Golfo di Orosei. Am Hafen liegt auch der Bahnhof, von dem aus die nostalgische Schmalspurbahn „Trenino Verde" in die Ogliastraberge fährt.

UNTERKUNFT

€€/€€€ Hotel La Bitta, Baia Porto Frailis, Tel. 0782 66 70 80, www.hotellabitta.it. Ein

Tipp

In den Klippen

In Santa Maria Navarrese beginnt bei der hoch über dem Hafen gelegenen Panoramabar Belvedere Sa Cadrea ein Pfad, der sich auf halber Höhe der Steilküste durch die wunderschöne Kulisse der Küstenklippen schlängelt. Er endet bei der imposanten Felsnadel Sa Pedra Longa, an der das idyllisch im Felschaos gelegene Bar-Ristorante Pedra Longa zur Pause einlädt. Der Weg ist einfach und für jeden begehbar.

INFORMATION

Dauer einfache Strecke: ca. 30–45 Min.

Märchenschloss im verspielten neosardischen Stil direkt über der Strandbucht mit dem malerischen Sarazenenturm. Jedes Zi. ist erlesen stilvoll und individuell gestaltet.

6 Ulassai

Das mitten in der spektakulären Kulisse der Ogliastraberge gelegene Bergdorf **Ulassai** (1500 Ew.) ist ein idealer Ausgangspunkt für Wander- und MTB-Touren durch die zauberhafte Bergwelt. Auch Kletterer zieht es wegen der vielen Felswände in der Umgebung hierher.

SEHENSWERT/MUSEUM

In Ulassai wurde die berühmte Künstlerin und Designerin Maria Lai geboren. Ihr Schaffen würdigt das **Museo Arte Maria Lai** (im alten Bahnhof an der SP 11 ca. 1 km außerhalb, www.stazionedellarte.com, Mai–Sept. tgl. 9.30–19.30, Okt.–April 9.30–18.00 Uhr).

UNTERKUNFT/RESTAURANT

€ Hotel Su Marmuri, Corso Vittorio Emanuele 20, Tel. 0782 7 90 03, www.hotelsumarmuri.com. Einfaches, preiswertes Haus mit 18 wohnlichen Zimmern. Im Haus gibt es eine bei den Einheimischen beliebte Restaurant-Bar.

UMGEBUNG

Die **Grotta Su Marmuri** zählt zu den schönsten Schauhöhlen Sardiniens (Anfahrt ausgeschildert, Tel. 0782 7 98 59, www.sumarmuri.it Führungen Mai–Juli u. Sept. 11.00, 14.00, 16.00, 18.00, April/Okt. 11.00, 14.30, 17.00, Aug. 11.00, 13.00, 15.00, 17.00, 18.30 Uhr).

7 Sadali

Der kleine Ort (1000 Ew.) ist sehr wasserreich, hat ein reizvolles altes Zentrum und ist mit der historischen Schmalspurbahn zu erreichen.

UMGEBUNG

Etwas außerhalb liegt in idyllischer Natur die **Grotta di Is Janas** mit Schauhöhle und Restaurant (www.escursionisadali.it, April–Sept. tgl. 10.00–13.00 u. 15.00–18.00 Uhr, Okt.–März nur So.). Vom Bahnhof Sadali verkehrt ein Shuttlebus zur Höhle. Wer sie besucht, sollte auch durch das zauberhafte Tal des kleinen **Riu Semuccu** hinabspazieren bis zum dschungelartig umwucherten Wasserfall, der wie eine Naturdusche aus einer Felswand heraussprudelt. Der 1998 gegründete **Parco Nazionale del Gennargentu e del Golfo di Orosei** schützt ein knapp 740 km² großes Gebiet von der Küste bis zu den Bergmassiven im Landesinneren. Im Park lebt u.a. eine schwarze Eidechsenart, die es nur hier und an der kalifornischen Küste gibt.

UNTERKUNFT

€ Hotel Monte Granatico, Via Roma 53, Tel. 0782 5 93 28, www.montegranatico.it. Eu-zertifiziertes Öko-Hotel im hist. Getreidespeicher. Rustikal eingerichtete Zi.; von den talseitig gelegenen hat man einen herrlichen Ausblick.

Genießen Erleben Erfahren

DuMont Aktiv

Bootsausflug zur schönsten Küste

Ein Bootsausflug zu den Robinsonbuchten, Grotten und Höhlen im Golfo di Orosei gehört zu den Höhepunkten einer jeden Sardinienreise. Besonders schön ist der Tagesausflug mit der Helios von Sergio.

Die Fahrt beginnt am Morgen in der Marina von Arbatax. Vorbei an der markanten Felsnadel Pedra Longa geht es dicht unter den schwindelerregend lotrecht aufragenden Felswänden zu den paradiesisch schönen Strandbuchten und Höhlen. Die kleine Motorjacht kann nur 25 Personen an Bord nehmen. So ist viel Platz, sich im Bikini die Erzählungen des stets gut gelaunten Sergio anzuhören. Zudem kann die Helios viel näher an die Küstenklippen heran- und in kleine Schluchten hineinfahren als die großen Ausflugsboote. Dort, wo es selbst für die wendige Helios zu eng wird, geht es im Schlauchboot in Grotten hinein.

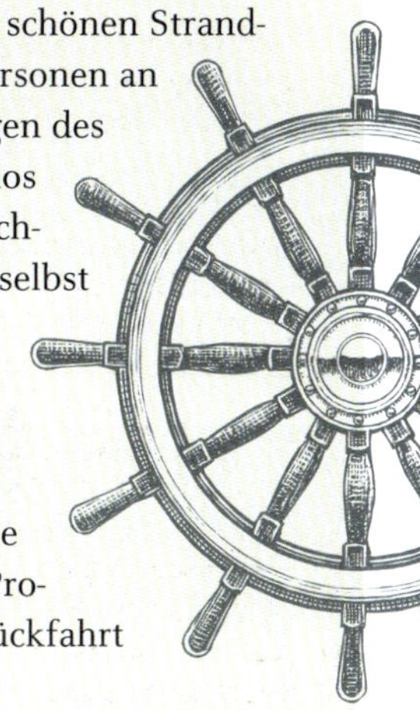

Nach einer Badepause in der Cala Mariolu gibt es ein frisch an Bord zubereitetes opulentes Mittagsmenü. Die Grotta del Fico steht nach einer Siesta am Strand auf dem Programm. Der erlebnisreiche Aufenthalt geht dann mit der Rückfahrt am späten Nachmittag zu Ende.

Weitere Informationen

Helios Turismo, Tel. 368 754 63 84, www.heliosturismo.com; Abfahrt: 8.30 Uhr ab Porto Turistico Arbatax, Rückkehr: ca. 18.30 Uhr; Erw. in der Nebensaison 65 €, Hauptsaison 70–75 €, Kind 3–9 J. 25–50 €; im Preis inbegriffen sind das Mittagessen und alle Getränke. Die Fahrt kann nur bei ruhiger See stattfinden.

Ganz nah dran: die Helios im Golfo di Orosei mit seiner grandiosen Steilküste.

Buena Vista Sunset Club

Sardiniens Westen ist eine Region voller Kontraste. Mediterranes Badegetümmel findet man im spanisch geprägten Alghero, spannende Einblicke in den sardischen Alltag garantiert das pulsierende Sassari, Ruhe und Gelassenheit bietet das malerische Malvasia-Städtchen Bosa. Herrliche Bergnatur, erfrischende Oasen, sardisches Brauchtum und traditionelles Kunsthandwerk sind die Verlockungen des erloschenen Vulkankegels Monte Ferru und seiner Dörfer.

Einladend: die von historischen Palazzi umsäumte Piazza Civica in der Altstadt von Alghero.

Blick über den Hafen auf die im Herzen des Golfo dell'Asinara auf einer felsigen Halbinsel gelegene Küstenstadt Castelsardo – im Hintergrund das im 12. Jh. am höchsten Punkt errichtete Kastell.

Piazza d'Italia in Sassari: Beim Frühjahrsfest präsentieren Teilnehmer aus allen Inselregionen ihre Kostüme – hier zwei Boes (Ochsen), Stärke und Fruchtbarkeit symbolisierende Masken aus Ottana.

Sassaris Cattedrale di San Nicola mit ihrer im spanischen Kolonialstil errichteten Barockfassade.

Mit der Enthüllung des Denkmals für den König Vittorio Emanuele II. im Jahr 1900 wurde Sassaris ursprünglich achteckig angelegte, heute quadratische Piazza d'Italia eingeweiht.

Alghero – für viele die schönste Stadt Sardiniens.

Woher der Wind weht, erkennt man im sardischen Westen an den Bäumen. Gekrümmt ächzen sie unter der Last, die ihnen der Maestrale (so nennen italienische Seeleute den südfranzösischen Mistral) nach rund 350 Kilometern ungehinderten Flugs über das Meer hier auferlegt. Der Großteil der Westküste ist nur dünn besiedelt und mancherorts fast menschenleer. Porto Torres und Stintino liegen im Windschatten der nun als Nationalpark ausgewiesenen einstigen Gefängnisinsel Asinara, Alghero schützt das Vorgebirge Capo Caccia vor dem Wind. Die Dörfer der Hochebene wahren einen gebührenden Abstand zur Küste. Selbst Sassari, die quirlige, aufstrebende Universitätsstadt der Region, liegt etwa zehn Kilometer zurück im Landesinneren. Unseren nördlichsten Ausgangspunkt markiert das Küstenstädtchen und Korbflechterzentrum Castelsardo. Von da geht es in südlicher Richtung bis hinab nach Bosa, das ebenso einen längeren Aufenthalt verdient wie das bereits auf halber Strecke gelegene Alghero – für viele die schönste Stadt Sardiniens.

Die schöne Spanierin

Zunächst wähnt man sich in Alghero aber erst mal im falschen Film, oder vielmehr auf der falschen Insel. Aus Fenstern dringen spanische Klänge, die Restaurants preisen Paella und „Aragosta alla Catalana". Die Gassen heißen „Carrer", die Plätze „Plaza". Die alten Fischer im Hafen sprechen einen seltsam kehlig klingenden katalanischen Dialekt. Seit 1353, als die Stadt unter die Herrschaft des katalanischen Königreichs Aragon geriet, die einheimische Bevölkerung vertrieben und durch katalanische Siedler ersetzt wurde, durften die Sarden nur untertags die Stadt betreten. Auch nach der 400 Jahre währenden Fremdherrschaft blieb Algheros Gesicht und Charakter bis heute spanisch geprägt. Ihre Attraktivität verdankt sie ihrer reizvollen Altstadt, ihrem bis fast vor die Tore der Stadtmauer reichenden „Lido" und dem Hafen. Von dort starten Ausflugsschiffe zum steil aus dem Meer ragenden Capo Caccia mit der Grotta di Nettuno. Bedeutend ist zudem der Flughafen, der Tag für Tag immer neue Gäste nach Alghero bringt und so der Stadt im Gegensatz zu den meisten anderen Urlaubsorten auf Sardinien eine ganzjährige Saison beschert.

Die romantische Altstadt zu Füßen der Türme und Kuppeln ihrer Kirchen ist für den Verkehr gesperrt. Umso schöner lässt es sich hier flanieren, in den Markthallen und den vielen Souvenirshops shoppen, in den zahlreichen Bars und Cafés entspannt sitzen. Besonders aussichtsreich ist ein Spaziergang auf der

Einen Bummel durch Algheros verkehrsberuhigte Altstadt beginnt man am besten am Hafen.

Auf der Bastione, der alten Stadtmauer von Alghero, lässt es sich wunderbar spazieren und zum Sonnenuntergang dinieren.

Luciana Varcas Kunsthandwerksladen in Algheros Via Maiorca 107.

Auch zum Shoppingbummel lädt Algheros Altstadt mit ihren zahlreichen Ladengeschäften ein.

Special

Tancas (Trockenmauern)

Padrones, Hirten und Banditen

Tancas teilen die Insel in ungezählte Parzellen und prägen bis heute ihr Gesicht. Sie gehen zurück auf einen „Erlass zur Einfriedung", den König Vittorio Emanuele 1820 erließ.

Jeder sollte das von ihm bewirtschaftete Land einzäunen und so auch in Besitz nehmen dürfen. Doch was als Landreform gut gemeint war (um Armut und Hunger zu bekämpfen), schuf noch größeres Unrecht. Dank ihrer vielen Arbeiter konnten reiche Padrones in Windeseile riesige Ländereien einfrieden, während den kleinen Bauern nur wenige fruchtbare Parzellen blieben. Geradezu verheerend wirkte sich der Erlass auf die Hirten aus, die nun nicht mehr wie seit Generationen mit ihren Herden frei wandern konnten, sondern Pacht an die neuen Grundbesitzer zahlen mussten, wenn sie ihre Tiere auf deren Land weiden lassen wollten. Es kam zu einem regelrechten Bürgerkrieg, bei dem hungernde Hirten „Bardanas" ritten – blutige Rachefeldzüge gegen die neuen Padrones. 1851 verhängte die piemontesische Staatsgewalt das Standrecht über das raue, gebirgige Zentrum. Damit erklärte man dessen Bewohner quasi kollektiv zu Räubern und Verbrechern. Die verfolgten Hirten flohen in die unwegsamen Berge, um sich der Staatsgewalt zu entziehen. Dort schützten die Dorfgemeinschaften ihre Ehrenmänner mit der „Omertà", dem Schweigegebot. Der sardische „banditismo" war geboren: Sardinien bekam den Ruf einer „Banditeninsel".

Parco Archeologico del Nuraghe Losa

alten Bastion, die die Stadt zum Meer hin schützt. Die wuchtige, mit Türmen bewehrte Mauer bildet den Balkon der Stadt. Vor allem abends strömt Jung und Alt hierher, um die Sonne hinter dem gewaltigen Fels des Capo Caccia im Meer untergehen zu sehen. Heiß begehrt sind zur Blauen Stunde die Stühle des „Buena Vista Sunset Club", von dem aus man dieses allabendliche Naturschauspiel wie aus einer Königsloge heraus genießen kann. Vom Meer her kommt eine leichte Abendbrise auf und vertreibt die Hitze des Tages. Über den Nachthimmel spannt sich ein funkelndes Sternenzelt, der Mond lässt das Meer silbern glitzern.

Unter Geiern

Kaum hat man die letzten Häuser Algheros hinter sich gelassen, ändert sich die Szenerie. Der letzte Badestrand ist die Cala Speranza. Dann verläuft die Küstenstraße hinein in eine unbesiedelte Einsamkeit von grandioser Schönheit. Zu Recht gilt die rund 50 Kilometer lange Strecke zwischen Alghero und Bosa als eine der eindrucksvollsten Küstenstraßen Sardiniens. In vielen Kurven und Kehren schlängelt sie sich hoch über dem Meer durch eine wilde, von duftender Macchia überzogene Felsenwelt. Hinter jeder Kehre eröffnen sich neue, spektakuläre Ausblicke auf die wilden, von Wellen

Wer die über 650 Stufen hinab zur Grotta di Nettuno scheut, erreicht die Höhle auch mit dem Boot.

Blick über die unzugängliche Meeresbucht Cala d'Inferno am Capo Caccia und die vorgelagerte kleine Isola di Foradada.

In den Gassen der Altstadt von Bosa geht es noch etwas gemächlicher zu als anderswo.

Bosa: Altstadtidyll zu Füßen des Kastells mit Blick auf die den Fluss Temo überquerende Brücke (Ponte Vecchio).

umspülten Küstenklippen. Nur an wenigen Stellen führen Pfade hinab ans Meer. Man sollte aber auch immer mal wieder zum Himmel blicken, um eines der ungewöhnlichsten Schauspiele auf dieser Strecke nicht zu versäumen: Dort kreisen in den Aufwinden Gänsegeier. Besonders schön lassen sich die seltenen Flugkünstler beim Capo Marargiu beobachten.

(K)eine Fata Morgana

Am Torre Argentina schufen vulkanische Kräfte eine bizarre Küstenlandschaft. Tuffe, Trachite und Basalte in unterschiedlichen Farben, von Wind und Wellen zu seltsamsten Formen geschliffen. Aus Erdspalten dringen stechende Schwefeldämpfe. Wenn dann die kleine Stadt Bosa wie eine Fata Morgana im Tal des Temo erscheint, fühlt man sich unvermittelt in die Zivilisation zurückversetzt: Am von Palmen gesäumten Flussufer dümpeln bunte Fischerboote, am Kai reparieren ihre Besitzer Netze und Reusen. Die alte Römerbrücke über den Temo bewältigt noch immer den Verkehr. Zu Füßen eines Kastells stapeln sich die Häuser der Altstadt wie bunt durcheinander gewürfelte Schuhschachteln übereinander. In ihren engen, steil ansteigenden Gassen kann man Frauen bei der Herstellung der traditionellen filigranen Stickereien, Filetti di Bosa, zusehen. Alles geht hier unaufgeregt und gemächlich vor sich hin.

„Machen wir es wie die in Bosa ...“ pflegt man auf Sardinien zu sagen, wenn man keine falsche Hektik aufkommen lassen möchte. Der braune Badestrand, dessem Sand die Einheimischen heilende Eigenschaften zuschreiben und sich deshalb gern darin vergraben, liegt zwei Kilometer entfernt an der Temomündung und heißt „Bosa Marina“. Ein malerischer Sarazenenturm, der die Einfahrt in den Temo bewacht, eine Handvoll einfacher Strandbars, ein Glas des köstlichen Malvasia-Weins. Es braucht nicht viel, um zufrieden zu sein ...

Immer mit der Ruhe: „Machen wir es wie die in Bosa ...“

Das Beste vom Besten

Ein Hort der sardischen Kochkunst sind im Inselinneren die Dörfchen rund um den Vulkankegel des Monte Ferru, des Eisenbergs. In Kennerkreisen gefeiert wird das Fleisch des „Bue Rosso“, einer uralten, auf die Phönizier zurückgehenden rotbraunen Rinderrasse, die nur an den Hängen des Monte Ferru weidet und nur dort zu kosten und kaufen ist. Dank der besonderen klimatischen Bedingungen wird hier zudem Sardiniens bestes Olivenöl gewonnen.

In Santu Lussurgiu, einem kleinen Bauern- und Handwerkerort östlich des Monte Ferru, destilliert man Sardiniens besten Grappa. Gleich zwei Messerschmieden bewahren die traditionelle Herstellung des Hirtenmessers, das jeder echte Sarde in der Hosentasche trägt. Auch Lederwaren wie Taschen, Sättel oder Zaumzeug werden hier noch in kleinen Familienbetrieben hergestellt. Zudem ist Santu Lussurgiu Sardiniens Pferdezentrum. Höhepunkt ist der im Juli abgehaltene Pferdemarkt, ein unvergessliches Spektakel das uralte Fest „Carrela e Nanti“, bei dem die Reiter in halsbrecherischen Jagden durch die engen steilen Kopfsteinpflastergassen der Altstadt preschen. Nach dem Rennen öffnen die Einwohner von Santu Lussurgiu ihre privaten Weinkeller für alle Besucher, bald darauf wabern die traditionellen vielstimmigen Vokalgesänge als melancholisch-mystische Klangwolken durch die Gassen.

ÖKOLOGIE UND UMWELTSCHUTZ

Die Hoffnung stirbt zuletzt

Sardiniens wertvollster Schatz sind seine großflächig noch kaum berührte, intakte Natur, seine sauberen Meereszonen und Strände – Garanten für den wachsenden sanften Tourismus und damit für Arbeitsplätze und Einkommen. Doch bei der Umsetzung des ökologisch verantwortlichen Handelns gibt es noch viel Optimierungsbedarf.

So weit die Flügel tragen:
Auf Sardinien gibt es auch große Ansammlungen von Rosaflamingos.

Schaurig zubetonierte Strände wie an der spanischen oder französischen Mittelmeerküste gibt es auf Sardinien zum Glück nicht. Hier werden geschmackvolle, der Landschaft angepasste Herbergen gebaut, mit heimischen Materialien. Die Meereszone rund um die Insel ist die mit Abstand sauberste in ganz Italien. Immerhin existieren hier mehr als 20 Meeresschutzgebiete. Regelmäßig verleiht die Umweltorganisation „Legambiente" vielen sardischen Stränden dank ihrer intakten Natur Auszeichnungen. Doch das ist nur die eine Seite der Medaille. Die andere ist das noch immer weitgehend fehlende Bewusstsein für Umweltschutz, Ökologie und nachhaltiges Wirtschaften.

Die Schönheit der Natur vermittelt der Giardino Botanico Maidopis im Parco Naturale Sette Fratelli im meist menschenleeren Sarrabus-Gebirge.

Sardiniens Wegwerfgesellschaft

Das beginnt im Kleinen, in den Familien. Viele Sarden besitzen gar kein Porzellangeschirr, sondern benutzen ausschließlich Wegwerfware aus Plastik. Begründung: Zum Reinigen des Geschirrs bräuchte man zu viel Wasser. Das wird nach Gebrauch im besseren Falle in den Müll gegeben, oft aber auch einfach verbrannt. Alte Autos werden irgendwo abgestellt, Bauschutt und anderen sperrigen Müll kippt man einfach in die Natur. Abfall lässt man achtlos fallen oder wirft ihn aus dem Autofenster.

Ein großes Problem sind Plastikflaschen, denn ein Pfandsystem gibt es nicht. Ordentlich gesammelter Müll wird zwar von der Müllabfuhr abgeholt, dann aber meist auf irgendwo in der Natur liegende, ungesicherte und stinkende Kippen gefahren, wo der Wind das Plastik weitflächig verteilt. Alternative Energien werden auf der Sonneninsel noch kaum genutzt. Doch es gibt Hoffnung ...

Allmählicher Bewusstseinswandel

Coop ENIS in Oliena beispielsweise bietet in der Saison sanften Tourismus an; außerhalb der Saison lädt man Schulklassen ein, um den Kindern die Schönheit der Natur und die Wichtigkeit ihres Schutzes nahe zu bringen. Mit Erfolg, denn die Kinder entwickeln ein Bewusstsein für die Wichtigkeit ökologischen Denkens und Handelns und „erziehen" so ihre Eltern und Großeltern.

Weitere Kooperativen engagieren sich in lokalen und regionalen Schutzprojekten. Dazu gehört zum Beispiel die sehr engagierte Coop Sinis auf der gleichnamigen Halbinsel. Ihrem Einsatz ist es zu verdanken, dass heute die Außenküste der Halbinsel mit ihrer ungewöhnlichen Flora und die vorgelagerte Vogelinsel Isola Mal di Ventre unter Naturschutz stehen.

Das sardische Umweltbewusstsein wächst. Seit Kurzem ist Mülltrennung auf der ganzen Insel Pflicht. Und: Sie funktioniert!

Mangels Pfandsystem sind Plastikflaschen ein großes Problem, wenn sie nicht wie hier wieder und wieder genutzt werden.

Umweltschutzverbände auf Sardinien

Legambiente (Umweltschutzverband), Via Nuoro 43, 09124 Cagliari, www.legambientesardegna.com

LIPU (Vogelschutzverband), Strada 16 est 2, 09092 Arborea, www.lipu.it/sardegna

WWF Sardegna, Via dei Mille 13, 09124 Cagliari, www.wwf.it, www.facebook.com/wwfSardegna

Castelsardo
Porto Torres
SASSARI
ALGHERO
Bosa
Macomer
Sennori
Sorso
Osilo
Ploaghe
Ittiri
Thiesi
Bonorva
Pozzomaggiore
Padria
Villanova Monteleone
Olmedo
Uri
Usini
Ossi
Tissi
Muros
Cargeghe
Codrongianos
Florinas
Bonnanaro
Torralba
Mores
Ardara
Chiaramonti
Martis
Perfugas
Laerru
Sedini
Bulzi
Nulvi
Stintino
Fertilia
Sindia
Suni
Tinnura
Flussio
Magomadas
Tresnuraghes
Sennariolo
Scano di Montiferro
Cuglieri
Santu Lussurgiu
Bonarcado
Seneghe
Abbasanta
Ghilarza
Norbello
Paulilatino
Borore
Birori
Bortigali
Silanus
Dualchi
Noragugume
Sedilo
Aidomaggiore
Semestene
Cossoine
Romana
Monteleone Rocca Doria
Putifigari
Monte Ferru
Altopiano di Campeda
Altopiano di Abbasanta
Valle dei Nuraghi
Parco di Porto Conte
Riviera del Corallo
Rada di Alghero
Capo Caccia
Punta Scoglietti
Capo Marargiu
Maßstab 1:360.000
0
6km
Parco Nazionale dell' Isola Asinara
Punta Caprara o dello Scorno
Cala d'Oliva
Cala Reale
Fornelli
Isola Piana
Capo del Falcone
1
2
3
4
5
6

Stadt, Land, Natur

Touristisches Highlight im sardischen Westen ist die von mächtigen Bastionen am Meer geschützte Stadt Alghero. Mit Bosa, Castelsardo und Sassari locken drei weitere im Charakter ganz unterschiedliche Städte zu Entdeckungstouren. Zahlreiche Strände verführen zum Sprung in die Fluten, und im Landesinneren erwartet den Besucher authentisches Brauchtum sowie eine ausgezeichnete Küche.

1 Castelsardo

Die auf einer Landzunge liegende Stadt Castelsardo (8500 Ew.) wurde im Jahr 1102 von der genuesischen Familie Doria als „Castel Genovese" gegründet.

SEHENSWERT/MUSEEN

Der Ort ist das bedeutendste Korbflechterzentrum Sardiniens. In den Gassen der **Altstadt** TOPZIEL bieten viele Flechter und Flechterinnen ihre Produkte an. Im **Kastell** informiert das **Museo dell' Intreccio Mediterrano** über das traditionsreiche Handwerk (www.mimcastelsardo.it, Mai/Juni/Sept.Okt. tgl. 9.00 bis 19.00, Juli/Aug. 9.00–0.30, Jan.–März u. Nov./ Dez. 10.30–16.30 Uhr). Unterhalb des Kastells ragt aus dem Dächergewirr der Altstadt der mit bunten Majolikakacheln geschmückte Turm der **Kathedrale Sant'Antonio Abate** heraus. Zu ihren Schätzen zählt das Altarbild „Madonna mit Kind und Engeln", ein im 15. Jh. entstandenes Werk des unbekannten „Meisters von Castelsardo". In der Krypta ist das **Museo Diocesano d'Arte Sacra** untergebracht (www. museumtempioampurias.it, tgl. 10.30–13.00 u. 15.30–20.00 Uhr).

RESTAURANT

€ / € € Trattoria Aragona, Via Manganella, Tel. 079 47 00 81, www.ristorantearagona.com. Kleine, preisgünstige Trattoria in der Altstadt. Besonders schön ist die Terrasse mit großartigem Ausblick über die Stadt und auf das Meer.

INFORMATION

Tourist-Information, Via Bastione 1/ Palazzo d'Arborea, Tel. 079 47 02 20, www.castelsardoturismo.it

2 Sassari

Die Universitäts- und Verwaltungsstadt Sassari (128 000 Ew.) ist Sardiniens zweitgrößter Ort. Sie wurde um das Jahr 1100 gegründet und gilt als das politische Zentrum Sardiniens. Hier wurde im Jahr 1921 die Sardische Partei „Partito Sardo" gegründet, hier kamen berühmte ital. Politiker wie Enrico Berlinguer oder Francesco Cossiga zur Welt. Das historische Zentrum von Sassari mit seinen engen Gassen, den großen und kleinen Plätzen verkörpert das Herz des prosperierenden Handelsortes.

Oben: Roccia dell'Elefante bei Castelsardo – schon die Nuraghier nutzten diesen Felsen als Kultstätte. Rechts oben: Alles frisch auf dem Mercato Civico in Algheros Via Genova. Darunter: Souvenirshop in Algheros Altstadt.

SEHENSWERT/MUSEEN

Die weitläufige **Piazza Italia** mit dem im Jahr 1873 erbauten **Palazzo della Provincia** ist ein beliebter Treffpunkt der Sassaresen. Bedeutendster Sakralbau ist der vom 13. bis zum 15. Jh. errichtete, im 15. und 16. Jh. im aragonesisch-katalanischen Stil umgestaltete **Duomo San Nicola**. Seine üppig verzierte Barockfassade aus weißem Marmor stammt aus dem 18. Jh. Das **Museo A. Sanna** (Via Roma 64, Di.–Sa. 9.00–20.00, So. 9.00–14.00 Uhr) ist nach dem in Cagliari das wichtigste archäologische Museum Sardiniens. Das **Museo Storico della Brigata Sassari** (Piazza Castello 9, www.assonazbrigatasassari.it, Mo.–Fr. 8.00 bis 16.30, Sa. 8.00–13.00 Uhr, Eintritt frei) widmet sich der Geschichte der im Ersten Weltkrieg berühmt gewordenen Brigade. Das **Museo Francesco Bande** (Via Muroni 14, www.museobande.it, Mo.–Fr. 10.00–12.00 u. 17.00–20.00 Uhr) informiert über den legendären sardischen Akkordeonspieler. Neuester Musentempel der Stadt ist das **Museo Sassari Arte** (Via Santa Caterina 4, www. pinacotecamusa.it, Mo.–Fr. 9.00–13.30, Mo./Di. auch 15.00–17.00 Uhr).

RESTAURANT

€ € / € € € Faine' Sassu, Via Usai17, Tel. 079 4 92 08 37. In dem kleinen, traditionsreichen Gewölberestaurant kann man u. a. die sassaresische Spezialität „Faine", ein dünnes, pizzaartiges Brot aus Kichererbsenmehl, kennenlernen.

INFORMATION

Tourist-Information, Palazzo di Città/Via Sebastiano Satta 13, Tel. 079 2 00 80 72

3 Porto Torres

Die Hafenstadt (22 500 Ew.) wurde als „Turris Libosonis" von den Römern gegründet. Wegen zahlreicher Angriffe der Sarazenen flohen die Einwohner landeinwärts und gründeten dort die Stadt Sassari, wodurch Porto Torres an Bedeutung verlor.

SEHENSWERT
Relikte aus der Römerzeit zeigt das **Antiquarium Turritano** (Via Ponte Romano 99, Di.–Sa. 9.00–20.00, So. 9.00–14.00 Uhr). Bedeutendstes Gotteshaus ist die im 11. Jh. erbaute **Basilika San Gavino** (Piazza San Gavino, April/ Okt. tgl. 9.00–13.00 u. 15.00–18.00, Mai–Sept. 9.00 bis 13.00 u. 15.00–19.00 Uhr), die als größte und schönste romanische Kirche Sardiniens gilt.

UMGEBUNG
An der Schnellstraße SS 131 nach Sassari liegt mit dem **Monte d'Accoddi** eine der rätselhaftesten prähistorischen Kultstätten Sardiniens. Die im gesamten Mittelmeerraum einzigartige Stufenpyramide wurde vor etwa 3500 Jahren errichtet (SS 131, km 222,3, Nov.–März Di.–So. 9.00–14.00, April/Mai/Sept./Okt. 9.00–18.00, Juni–Aug. 9.00–19.00, So. ganzj. 9.00–14.00 Uhr). Den Küstenstreifen des auf einer schmalen Landzunge im Nordwesten gelegenen Ferienorts **Stintino**, in dem ein Museum an den einst bedeutenden Thunfischfang erinnert, säumen schönste Strände. Vom Porto Nuovo gelangt man zur **Isola Asinara** (NLP-Verwaltung, Via Josto 7, www.parcoasinara.org).

INFORMATION
Tourist-Information, Stazione Marittima (im Fährhafen), Tel. 079/5 04 80 08, www.comune.porto-torres.ss.it

Tipp

Edle Tropfen

Bosa ist berühmt für seinen Malvasia. Der an Sherry erinnernde, aus der sehr alten Rebsorte Malvasier gekelterte Aperitif- und Dessertwein wird noch von vielen Familien in Bosa und den umliegenden Gemeinden hergestellt. Besonders begehrt: der ausgezeichnete **Malvasia der Familie Columbu**. Wer die kostbare Rarität (es werden jährlich nur 5000 Flaschen produziert) kosten und kaufen will, der kann die kleine Probierstube der Familie in der Altstadt von Bosa besuchen.

CANTINA COLUMBU
Via Carmine 104,
Tel. 339 573 16 77,
www.malvasiacolumbu.com

4 Alghero

Das größte Urlaubszentrum an Sardiniens Westküste, **Alghero** TOPZIEL (43 500 Ew.), gilt dank seiner spanisch-katalanischen Architektur als schönste Stadt der Insel und ist durch den Flughafen Fertilia ganzj. schnell zu erreichen.

SEHENSWERT
Am schönsten ist Alghero entlang der wuchtigen Bastione, die zwischen dem Hafen und der Piazza Sulis die malerische **Altstadt** meerseitig schützt. Deren Herz ist die von herrschaftlichen Patrizierhäusern gesäumte **Piazza Civica**, darunter der im 16. Jh. im aragonesisch-gotischen Stil erbaute **Palazzo d'Albis**, der einst dem Vizekönig als Bleibe diente. Der achteckige Turm der **Cattedrale Santa Maria** kann bestiegen werden. An ihrer bunten Majolikakuppel leicht zu erkennen ist die dem Schutzpatron der Stadt geweihte **Chiesa di San Michele** aus dem 17. Jh.

MUSEUM
Die Schaufenster und Auslagen der Souvenirshops in Algheros Altstadt dominiert Schmuck aus roter Koralle. Die angebotene Ware kommt sämtlich aus Fernost, da die Korallenbänke bei Alghero strengstens geschützt sind. Dem Kauf ist ein Besuch in Algheros **Museo del Corallo** (via XX Settembre 8, Di.–So. 10.30–13.00 u. 17.30–19.00 Uhr) vorzuziehen: Es bietet beste Gelegenheit, sich an der grazilen Schönheit dieser filigranen Meeresbewohner zu erfreuen.

RESTAURANT
€/€€ Caragol, Via Maiorca 69, Tel. 079 9 57 77 44. Altstadt-Trattoria mit exzellenter Küche.
€ Focacceria Milese, Via Garibaldi 11, Tel. 079 25 94 19, www.barmilese.it. Hier gibt es die besten und preiswertesten Focacce der Stadt.

UNTERKUNFT
€€/€€€ Residenze Monte Sixeri, Santa Maria La Palma, Loc. Guardia Grande, Tel. 340 8 56 20 70, www.residenzedicampagna.com. zauberhafte kleine Residenz in idyllisch stiller Alleinlage auf dem 95 ha (!) großen Anwesen des Ölivenölproduzenten San Giulano.
€€ Hotel San Francesco, Via Ambrogio Machin 2, Tel. 079 98 03 30, www.sanfrancescohotel.com. Einziges Hotel in der Altstadt im ehem. Fanziskanerkloster.

Tipp

Flüssiges Gold

Der kleine Familienbetrieb Cosseddu (Abb. unten: Maria Cosseddu) in **Seneghe** produziert ein vielfach prämiertes Olivenöl, das man hier zu einem für die exzellente Qualität sehr günstigen Preis direkt ab Haus kaufen kann.

WEITERE INFORMATIONEN
Bei der Carabinieri-Kaserne rechts in die kleine Via Josto rein, dann 50 m weiter das Haus rechts an der Ecke zur Via Sebastiano. Bitte klingeln (nicht in der Siestazeit, 13.00–15.00 Uhr).

UMGEBUNG
Zum **Capo Caccia** mit der faszinierenden Schauhöhle **Grotta di Nettuno** (Mai–Sept. tgl. 9.00–19.00, April u. Okt. 9.00–18.00, Nov.–März 9.00–13.00 Uhr, nur bei ruhiger See!) verkehren von Alghero tgl. Ausflugsboote.

INFORMATION
Tourist-Information, Piazza Porta Terra 9, Tel. 079/97 90 54, www.alghero-turismo.it

5 Bosa

Das malerische Städtchen (8000 Ew.) im Tal des Temo gruppiert sich am steilen Hang zu Füßen des Castello Malaspina. Der Strand liegt 2 km entfernt in Bosa Marina.

SEHENSWERT/MUSEEN
Sehr schön ist der Aufstieg durch die Altstadt hinauf zum **Castello dei Malaspina** (www.castellodibosa.com, April–Juni tgl. 10.00–19.00, Juli/Aug. 10.00–19.30, Sept. 10.00–18.00, März/ Nov. Mo.–Fr. 10.00–13.00, Sa./So. 10.00–16.00 Uhr, Dez.–Feb. So. 10.00–16.00 Uhr). Von herausragender kulturhistorischer Bedeutung ist

Statt Korallenschmuck zu kaufen, besucht man in Alghero besser das Korallenmuseum.

die etwas außerhalb am Temoufer gelegene romanische **Kirche San Pietro Extramuros** (April–Juni 9.30–12.30 u. 15.30–17.30, Juli/Aug. 9.30–12.30 u. 16.00–18.00, Sept. 9.30–12.30 u. 15.00–17.00, Okt. 9.30–12.30 Uhr). In den alten Gerbereigebäuden Sas Concas ist das **Museo Industria Conciaria** (Via delle Conce 13, tgl. 10.00–13.00 u. 15.00–17.00 Uhr) untergebracht. Das **Museo Casa Deriu** (Corso Vittorio Emanuele 59, Juli/Aug. 11–13 u. 18.30–20.30 u. 22.00–24.00, April/Mai 11.00–13.00 u. 15.00–18.00, Juni 11.00–13.00 u. 17.30–20.30, Sept. bis März 10.00–13.00 u. 16.00–18.00 Uhr) in einem auch in seiner Einrichtung original erhaltenen Haus aus dem 19. Jh. zeigt eine Sammlung des in Bosa gebürtigen Künstlers Melkiorre Melis (1889–1982).

RESTAURANT/UNTERKUNFT

€€ Borgo Sant'Ignazio, Via Sant'Ignazio 33, Tel. 0785 37 41 29, www.ristorantebosa.it. Kleines lauschiges Gewölberistorante in einer engen Altstadtgasse unterhalb des Castello.

€€ Hotel Sa Pischedda, Via Roma 8, Tel. 0785 37 30 65, www.hotelsapischedda.it. Ein sehr charmanter, an Römerbrücke und Temo gegenüber der Altstadt gelegener historischer Palazzo (1865). Im Restaurant gibt's Slow Food-Küche.

6 Santu Lussurgiu

Das kleine Bergstädtchen (2400 Ew.) ist für seine Traditionen, sein Kunsthandwerk, seine ausgezeichnete Küche und seinen Grappa bekannt. Eine Attraktion besonderer Art ist der Wasserfall „Cascata Sos Molinos" an der Straße in Richtung Bonarcado. Zu dieser herrlichen Naturdusche führt von einem kleinen Parkplatz ein kurzer steiler Pfad ins Tal des Riu Mulino hinab.

RESTAURANT/UNTERKUNFT

€/€€ Albergo Sas Benas, Piazza San Giovanni, Tel. 0783 55 08 70, www.sasbenas.it. Die im Herzen des alten Zentrums in drei historischen Gebäuden untergebrachte Herberge ist ein Hort der sardischen Kultur und Küche.

UMGEBUNG

Im heißen Sommer fliehen die Sarden aus den Küstenebenen in die wald- und wasserreiche Region um den **Monte Ferru**. Beliebtes Ziel ist **San Leonardo de Siete Fuentes**. Selbst bei größter Hitze ist es hier angenehm erfrischend. Überall sprudelt frisches Quellwasser hervor und plätschert glucksend bergab. Ganze Großfamilien gehen hier gern grillen. Das Wasser wird in Kanistern mit nach Hause genommen (es soll eine heilende Wirkung haben wie das von Lourdes). Direkt an der SS 131 liegt bei **Paulilatino** mit dem **Santuario Santa Cristina** TOPZIEL (www.archeotour.net, tgl. 9.00 Uhr bis Einbruch der Dämmerung) eine der bedeutendsten archäologischen Stätten Sardiniens. Funde zeigt das **Museo Archeologico** in Paulilatino (Via Nazionale 120, www.museoatzori.altervista.org, Di.–So. 9.00–13.00 u. 15.00 bis 17.30, im Sommer 16.30–19.00 Uhr).

Genießen   Erleben   Erfahren

DuMont Aktiv

Sprachkurs in Alghero

Es genügen schon wenige Worte auf Italienisch, und Sie haben die Sympathie der Sarden gewonnen. Die Sprache ist der Schlüssel zu vielem. Am besten, schnellsten und schönsten ist die Verbindung von Urlaub und Sprachkurs.

Die Sprachschule Pintadera liegt mitten im Herz der Altstadt von Alghero. Erst gibt es „Grammatica" bei Maria Rosa, nach einer Kaffeepause heißt es dann bei Alessandra „Parliamo italiano".

Pintadera nennt sich nicht von ungefähr „Associazione Culturale", denn sie ist mehr als nur eine Sprachschule. Man lernt beim gemeinsamen Einkaufen auf dem Markt, bei Besuchen von kulturellen Veranstaltungen, auf Exkursionen, bei gemeinsamen Kochkursen und manchem mehr. Ob Anfänger oder Fortgeschrittener – im umfangreichen Angebot vom kurzen Crashkurs bis zum mehrwöchigen Intensivkurs findet jeder das für ihn und seinen individuellen Wissensstand Passende. Die Gruppen sind maximal acht Personen groß. Wer will, kann auch Individualunterricht nehmen.

Nicht zu unterschätzen ist bei all dem vor allem die zwischenmenschliche Komponente: Bei Pintadera lernt man nicht nur viel, sondern isst, trinkt und lacht man auch gern im Kreise netter Menschen aus aller Welt.

Un espresso per favore!

Weitere Informationen

Associazione Culturale
Centro Mediterraneo Pintadera,
Vicolo Adami 41, 07041 Alghero,
Tel. 079 91 70 64,
www.pintadera.info

Sardiniens grünes Herz

Sie habe „in Berührung mit ... den schönsten und wildesten Landschaften gelebt", meinte die sardische Literaturnobelpreisträgerin Grazia Deledda über ihre Heimat – die wilde, wegelose Bergwelt im Inselinneren. Dorthin zogen sich einst die Sarden vor den fremden Eroberern zurück, dort bewahrten sie ihre Kultur. So gilt bis heute: Wer das wahre Sardinien kennenlernen will, findet es hier.

Von Burgos, einem nordwestlich von Nuoro gelegenen Dorf, hat man einen schönen Blick auf die Berge im Inselinneren.

Panoramablick: von Nuoros Hausberg Monte Ortobene auf das nahe Supramonte-Massiv, nach dem Gennargentu das zweithöchste Gebirge der Insel.

Begegnung: im Garten eines auf einem ausgedehnten Hochplateau („Sa Serra") bei Nuoro gelegenen Agriturismo.

Präzisionsarbeit: in der vineria e cantina im Hotel Su Gologone in Oliena.

Ninni Paba (hier mit seiner Frau Gianna) sorgt als Padrone seines Hotels und Land-Spa-Resorts Sa Muvara bei Aritzo für das Wohlergehen seiner Gäste.

Gianna Salis heißt die junge, hilfsbereite Frau, die mit Freundinnen in Oliena eine Tourist-Information betreibt. Ihr Urgroßvater, Giovanni Corbeddu Salis, war ein von den Einheimischen als „Robin Hood Sardiniens" verehrter Bandit, der sich 18 Jahre lang im Bergland verstecken konnte, ehe er 1898 von den Carabinieri vor seiner Höhle erschossen wurde.

Geschossen wird auch beim österlichen Fest „S'Incontru", dem Höhepunkt in Olienas gut gefülltem Festkalender. Und zwar aus allen Rohren. Jeder Mann, der eine Waffe hat, ballert, was das Zeug hält. Und es scheint so, als habe jeder Mann zwischen 16 und 100 eine Waffe. Nach dem ohrenbetäubenden Spektakel ist die Piazza Santa Maria knöcheltief von leeren Patronenhülsen übersät.

Brauchtum und Tradition spielen in Oliena eine große Rolle, sein Wein und seine Küche sind bis weit über die Insel hinaus berühmt. Wie hingebungsvoll die alten Gepflogenheiten geschätzt werden, zeigt sich auch im Ristorantino Masiloghi. In dem zauberhaften Minirestaurant oder auf seiner grün umrankten Terrasse kommen exzellente sardische Spezialitäten auf den Tisch wie Pane Frattau, das man sonst nur noch selten bekommt. Der passionierte Genießer und Slow-Food-Anhänger Gianfranco Maccarrone bietet u. a. auch Olivenöl, Wein und Honig aus eigener Herstellung zum Mitnehmen an.

Ausgetretene Pfade verlassen wollte eine Gruppe junger Leute, die im Zuge der wilden 68er-Bewegung ein verfallenes Kinderheim in den Bergen hoch über dem Dorf wieder aufbauten und ein Zentrum für Trekking und Umweltschutz daraus machten. Heute ist die Coop Enis eine bei Einheimischen wie bei Aktivtouristen sehr beliebte Adresse.

Deleddas Welt

Nuoro war lange als Banditenhochburg verschrien. Aber die Stadt war auch immer ein Zentrum der sardischen Kultur. Künstler wie die Schriftsteller Sebastiano Satta und Salvatore Satta oder der Maler Francesco Ciusa wurden hier geboren.

Auch Sardiniens berühmteste literarische Stimme, die Literaturnobelpreisträgerin Grazia Deledda (siehe Special S. 75), erblickte in Nuoro das Licht der Welt. In ihre literarische Welt taucht man ein, wenn man die verwinkelten, von niedrigen Häuschen gesäumten Gassen der Altstadt betritt. Ihr schlichter dörflicher Charakter spiegelt sich auch in Deleddas Geburtshaus wider, einem original erhaltenen Gehöft, in dem heute das Museo Deleddiano beheimatet ist.

Stummer Protest

Orgosolo ist wohl das Dorf mit dem schlechtesten Ruf auf der Insel. Betrachtet man die Einschusslöcher an der Tür des alten Rathauses, so scheint es auch handfeste Gründe dafür zu geben. Tatsächlich wütete in diesem Hirtendorf bis in die 1950er-Jahre hinein eine besonders blutige „Disamistade", ein Krieg verfeindeter Familien, dem 30 Menschen zum Opfer fielen. Bekannt wurde der Ort auch durch Banditen wie den legendären Graziano Mesina, der in den 1960er- und 1970er-Jahren dank der geschlossenen Unterstützung der Dorfbewohner seinen Häschern, einem Riesenaufgebot von Polizei und Militär, immer wieder entkommen konnte. In die Schlagzeilen der Weltpresse geriet der Widerstandsgeist

Brauchtum und Tradition spielen in Oliena eine große Rolle.

Carlos' von aufmerksamen Hunden bewachte Schafherde weidet hier auf dem Pratobello, dem kollektiven Weidegebiet von Orgosolo (ganz oben, rechts). Aus reiner Schafsmilch hergestellt wird der Pecorino, den hier Giovanni Podda, Hirte und Betreiber des „Cortile del Formaggio" in Orgosolo (Corso Repubblica 216), stolz in die Kamera hält (oben). Entgegen einem weit verbreiteten Missverständnis ist diese Spezialität eine ursardische Köstlichkeit. In die Toskana brachten den Käse Sarden, die in den 1960er-Jahren bei groß angelegten Jagden von Polizei und Militär nach den berüchtigten Banditen von der Insel aufs Festland zwangsverschleppt wurden.

Das Museo della Vita e delle Tradizioni Popolari Sarde in Nuoro ist in einem Gebäude untergebracht, das der Struktur eines sardischen Dorfes nachempfunden wurde.

Special

Grazia Deledda (1871–1936)

Sardiniens literarische Stimme

Geboren wurde Grazia Deledda als Tochter einer wohlhabenden Familie 1871 in Nuoro. Mit nur 15 Jahren veröffentlichte sie ihre ersten Gedichte und Erzählungen. 1897 heiratete sie einen Beamten im Kriegsministerium und gebar zwei Söhne. 1900 zog die Familie nach Rom, wo Grazia Deledda 1936 verstarb.

Auch wenn sie lange fern der geliebten Insel lebte, so blieb ihre Seele doch zeitlebens ihrer Heimat in den kargen Bergen des Monte Albo und des Supramonte verbunden. Sie fühlte mit den Menschen, die – gefangen in einer archaischen Welt voller Aberglauben und starren Regeln – ein entbehrungsreiches Dasein fristeten.

Erinnerungsstücke in Deleddas Geburtshaus.

Mehr als 50 Romane hat sie verfasst, am meisten autobiografisch geprägt ist „Cosima", am berühmtesten „Canne al Vento" („Schilf im Wind"). Für diesen Schicksalsroman, dessen Protagonisten in Konflikten um Ehre, Glauben und gesellschaftliche Vorurteile zerrieben werden, und „für ihre von hohem Idealismus getragene schriftstellerische Kraft, mit der sie das Leben, wie es sich auf der Insel ihrer Väter abspielt, in plastischer Anschaulichkeit nachbildet und allgemein menschliche Probleme mit tiefem und warmem Anteil behandelt" (so das Komitee in seiner Begründung), wurde ihr im Jahr 1926 der Literaturnobelpreis verliehen. Es gibt bis heute keine schönere Art, durch Deleddas Heimat zu reisen, als mit einem ihrer Romane in der Tasche.

gegen die Obrigkeit im Jahr 1969, als das italienische Militär die Weidegründe auf dem Prato Bello zum militärischen Sperrgebiet erklären wollte. Daraufhin besetzten die Dorfbewohner die Hochebene. Ihren Protest gegen die staatliche Willkür malten sie an die Wände ihrer Häuser. Diese „Murales" genannten Wandbilder (siehe DuMont-Thema S. 78/79) machten Orgosolo dann endgültig weltberühmt. Heute gleicht das Dorf einer großen Freiluftgalerie. Thematisierten die Gemälde zu Beginn noch soziale Themen wie Armut, Unterdrückung, Korruption oder brutale Staatsgewalt, so findet man heute die verschiedensten Motive und Themen an den Wänden von Orgosolo.

Auf dem Dach Sardiniens

Obwohl heute von Straßen gut erschlossen, ist es immer noch zeitraubend und beschwerlich, in das gebirgige Herz der Insel vorzudringen. Kurve um Kurve winden sich die Straßen durch die einsamen Berge des Gennargentu. Es ist ein Auf und Ab, hinauf zu Passhöhen, hinab in tiefe dunkle Schluchten. In den wenigen abgeschiedenen Bergdörfern scheint die Zeit stehen geblieben zu sein. Strand und Meer sind weit entfernt. Bis in den April bedeckt in manchen Jahren Schnee die Gipfel. Von Fonni, dem mit 1000 Metern höchst gelegenen Dorf Sardiniens,

Esel und Ziegen begegnen einem im Inselinneren vielerorts. Eine der letzten Glocken-Schmieden (ganz oben links/rechts: im Laboratorio Antonio & Carlo Sulis) findet man in Tonara bei Aritzo.

Am harmonisch abgestimmten Klang der Weidetier-Glöckchen (campanacci) erkennen die Hirten (hier bei einer Mahlzeit in der Nähe von Aritzo) ihre Tiere.

Auf Schusters Rappen: unterwegs zwischen Oliena und Dorgali in der Bergwelt des Gennargentu, dessen Name „Silberpforte" bedeutet (wegen der silbergrauen Gipfel dieses Gebirgszugs).

führt eine breite Straße hinauf in die Gipfelregion des Bruncu Spina. Man reibt sich die Augen, wenn man an ihrem Ende vor der Talstation eines Skilifts steht. In Betrieb ist dieser allerdings nur selten. Entweder liegt zu wenig Schnee, oder man kann mangels geeigneter Räumtechnik die Zufahrtsstraße nicht frei halten. So dient sie heute hauptsächlich den Hirten – und den Bergwanderern, denn an diesem Skilift beginnt einer der Wanderwege, die auf das Dach Sardiniens, zum Gipfel der Punta La Marmora führen, mit 1834 Metern Sardiniens höchster Berg.

Die hochalpine Natur ist einfach wundervoll. Überall plätschern kleine Rinnsale und Bäche über die baumlosen, mit einem Meer von Blumen bedeckten Matten ins Tal hinab.

Hier wächst und blüht auch „La Peonia", die wilde Pfingstrose, die eine Art Wahrzeichen des Gennargentu ist. Halbwilde Pferde galoppieren in ungezügelter Lebenslust durch die fast unberührte Hochgebirgsnatur. Am Himmel kreisen in den Aufwinden große Greife, und mit etwas Glück sieht man sogar eine Herde der scheuen Mufflons.

Eiskeller und Sommerfrische

Das Städtchen Aritzo war einst das Zentrum der sardischen Eisgewinnung und des Eishandels, aber auch eine beliebte Sommerfrische. Das Eis wurde in den Gipfelregionen der Punta La Marmora gebrochen, mit Eseln zu Tal gebracht und als Kühlmittel in die Städte verkauft. Die Eiszeit Aritzos endete, als mit den Amerikanern nach dem Zweiten Weltkrieg auch die Moderne in Form von Kühlschränken Einzug erhielt. Seine lange Ära als Sommerfrische, die Italiens König Umberto I. wiederholt hier genoss, dauert dagegen noch an. Viele Sarden fliehen im Sommer vor der Hitze ins 800 Meter hoch gelegene, grün eingebettete Aritzo. Dichte Eichen- und Kastanienwälder spenden Schatten, zahlreiche Quellen kühles, köstlich erfrischendes Nass. Offensichtlich haben sich an diesem Ort auch schon die steinzeitlichen Nuraghier wohl gefühlt. Jedenfalls diente ihnen der markante Monte Texile einstmals als Kultplatz.

Die hochalpine Natur ist einfach wundervoll.

DIE SARDISCHE SEELE

Weltschmerz und Melancholie

Sie gelten als zurückhaltend, eigenbrötlerisch und einsilbig. Sie fürchten das Meer und alles, was vom Meer her kommt. Ihr traditioneller Rundtanz, „Ballu tundu", gleicht in seiner gravitätischen Strenge einem getanzten Gottesdienst. Ihre „Canti Sardi" erinnern an mittelalterliche Sakralgesänge. Sie bringen die sardische Seele zum Klingen.

Der politische Widerstand gegen jegliche Fremdherrschaft kommt auch in den „Murales" (Wandbildern) der Bergdorfbewohner (hier: in Fonni) zum Ausdruck.

Die Sarden haben sich von der Welt abgewandt, seit sie vor den ersten Eroberern die Küsten verließen und sich in die unzugängliche Bergwelt im Inneren ihrer Insel zurückzogen. Dort konnten sie allen Eroberungs- und Unterwerfungsversuchen erfolgreich trotzen und ihre Identität bewahren. So sind ihre Traditionen und Bräuche noch heute ein fester Bestandteil der sardischen Alltagskultur. Der Schriftsteller Salvatore Cambuso schreibt in seinem Buch „Bitterer Honig", dass Sarden zwar viel und gern feiern, aber nicht, um sich zu amüsieren, sondern um sich gegen den Schmerz ihres tragischen Daseins zu betäuben. Vor diesem Hintergrund ist auch das sprichwörtliche „Ghigno Sardonico" zu verstehen, das dröhnende, grimmige, bedrohliche „Sardonische Lachen".

Für die Sarden haben die bereits unter ihrer Regentin Eleonora di Arborea im späten 14. Jahrhundert in Kraft getretenen, noch auf archaischen Kodexen und Riten beruhenden Regeln und Gesetze der „Carta de Logu" mehr Verbindlichkeit als die Gesetze des heutigen Italien. Sie begreifen „die Italiener" auch nicht als ihre Landsleute, sondern als die „vom Kontinent" („dal Continente"). Sarden sind meist tiefgläubige Katholiken, was auch an der Inbrunst zu erkennen ist, mit der sie ihre religiösen Feierlichkeiten begehen. Doch hinter dieser Sonntagsreligiosität existiert noch eine Welt des Aberglaubens, in der es Heiler, Geister und Dämonen gibt. An „Malocchio", den gefürchteten bösen Blick, glaubt man auf der Insel genauso wie daran, dass der Ruf der Eule oder heulende Hunde Vorzeichen für schreckliche Geschehnisse sind.

Chronisch zerstritten

Eine der folgenschwersten Auswirkungen auf die sardische Seele hat die tiefe innere Uneinigkeit der Insulaner. Zwischen Nachbardörfern schwelen uralte Streitigkeiten, im Norden werden die Reifen von Reisebussen aus dem Süden zerstochen. Viele Waldbrände gehen nicht auf das Konto unachtsamer Touristen, sondern werden wegen nachbarschaftlicher Streitereien gelegt. Dieser fast pathologische Wesenszug zu notori-

Links: in Orgosolo. Oben: in Oliena. Weil die Römer die in die Berge geflüchteten Sarden nicht unterwerfen konnten, beschimpften sie diese als „Civitas Barbaria", woraus sich die Bezeichnung „Barbagia" für das Landesinnere ableitet.

Die Bewohner des als „Barbarenland" geschmähten Landesinneren sind bis heute stolz darauf, für das authentische, widerständige Sardinien zu stehen.

scher Abgrenzung zeigt sich auch in der Aufgliederung der Insel. Viele Jahre gab es die drei großen Provinzen Sassari, Nuoro und Cagliari, 1974 kam die neue Provinz Oristano dazu. Dann forderten die Sarden per Referendum eine Neugliederung Sardiniens. Ab 2005 bestand die Insel aus acht teils winzigen Provinzen; im Februar 2016 kam es zu einer erneuten Umgliederung auf nurmehr fünf Provinzen. Das Chaos der Neugliederungen führte zu jahrelangem Stillstand der staatlichen Verwaltung. Und dem inselübergreifenden Miteinander war das auch nicht gerade förderlich.

Literaturtipps

Grazia Deledda, Schilf im Wind
Das Schicksal dreier verarmter adeliger Schwestern und ihres treuen Knechts.

Gavino Ledda, Padre Padrone
Vom Leben eines sardischen Hirtenjungen in einer Welt aus archaischem Schweigen und roher Gewalt.

Maria Giacobbe, Tagebuch einer Lehrerin
Erfahrungen und Erlebnisse in den vergessenen, von Armut und Analphabetismus beherrschten Hirtendörfern der Barbagia.

Maßstab 1:360.000
0
6km
Parco Nazionale
del Gennargentu e
del Golfo di Orosei
Golfo di Orosei
Serra d' Orotelli
Gola su Gorruppu
NUORO
Oliena
Orgosolo
Gavoi
Tonara
Aritzo
Dorgali
Cala Gonone
Orosei
Siniscola
Posada
la Caletta
Cala Liberotto
Galtelli
Onifai
Bitti
Orune
Lula
Lodè
Buddusò
Pattada
Bono
Burgos
Ottana
Orani
Sarule
Mamoiada
Fonni
Ovodda
Tiana
Sorgono
Desulo
Olzai
Oniferi
Orotelli
Lanusei
TORTOLÌ
ARBATAX
Baunei
Triei
Lotzorai
Urzulei
Talana
Villagrande Strisaili
Arzana
Ilbono
Elini
Laconi
Gadoni
Seulo
Santa Maria Navarrese
Capo Bellavista
Punta La Marmora
Bruncu Spina
Monte Tonneri
Supramonte
1
2
3
4
5
6

In der wilden Barbagia

Die Gebirge des Supramonte und des Gennargentu sind ein Eldorado für Outdoor-Aktivisten mit Pioniergeist. Im Hochsommer, während ganz Sardinien unter der Hitze und Trockenheit stöhnt, findet man im Inselinneren noch immergrüne Oasen mit dichten Kastanienwäldern und Korkeichenhainen, und in den Hirtendörfern lebt man Brauchtum und Tradition noch weitgehend authentisch-unverfälscht.

1 Nuoro

Die Hauptstadt der gleichnamigen Provinz (37 000 Ew.) ist das urbane Zentrum der Barbagia. In den 1960er-/70er-Jahren war sie ein Schauplatz der großen Banditen-Treibjagden und -prozesse. Die Stadt liegt in 554 m Höhe auf einem Plateau.

SEHENSWERT/MUSEUM

Wichtigster Sakralbau der Stadt ist die neoklassizistische, 1853 geweihte **Kathedrale Santa Maria della Neve**, die sich imposant über der gleichnamigen Piazza erhebt. Von herausragender Bedeutung ist das ethnografische **Museo della Vita e delle Tradizioni Sardi** (Via A. Mereu 56, www.isresardegna.it, 16. März bis 30. Sept. Di.–So. 10.00–13.00 u. 15.00–20.00, 1. Okt.–15. März 10.00–13.00 u. 15.00–17.00 Uhr). Wechselnde Ausstellungen nationaler und internationaler Künstler präsentiert das **Museo d'Arte della Provincia Nuoro (MAN)** (Via Sebastiano Satta 27, www.museoman.it, April–Sept. 10.00–20.00, Okt.–März 10.00 bis 13.00 u. 15.00–19.00 Uhr). Im ehemaligen Gerichtsgebäude untergebracht findet man das **TRIBU** mit dem **Museo Ciusa** (Piazza Santa Maria della Neve 8, Di.–So. 10.00–20.00 Uhr). Nach langen Jahren der Schließung wieder eröffnet hat das **Museo Archeologico Nazionale** (Via Mannu 1, www.museoarcheologiconuoro.it, Di. u. Do. 9.00–13.00 u. 15.00 bis 17.00, Mi., Fr., Sa. 9.00–13.00 Uhr). Von besonderer Bedeutung für die Stadt und ganz Sardinien ist das **Museo Deleddiano** (Via Grazia Deledda 42, www.isresardegna.org, 16. März bis 30. Sept. Di.–So. 10.00–13.00 u. 15.00–20.00, 1. Okt.–15. März 10.00–13.00 u. 15.00–19.00 Uhr, Eintritt frei) im Geburtshaus der im Jahr 1926 mit dem Literaturnobelpreis ausgezeichneten Schriftstellerin. Ihr Grab findet man in der kleinen, schlichten, vom ebenfalls in Nuoro geborenen Maler und Architekten Giovanni Ciusa (1907–1958) entworfenen Kapelle Nostra Signora della Solitudine an der Straße auf den Monte Ortobene.

Ganz oben: unterwegs in der Barbagia zwischen Oliena and Dorgali. Darunter: traditionelles Brotbacken im Hotel Su Gologone in Oliena. Rechts: im Caffé Tettamanzi in Nuoros Corso Garibaldi 71.

Tipp

Museo Nivola

Der sardische Maler und Bildhauer Costantino Nivola (1911–1988) stammt aus dem knapp 25 km südwestl. von Nuoro gelegenen Bergdorf Orani. Ihm zu Ehren hat die Gemeinde im alten Waschhaus ein außerordentlich interessantes Museum eingerichtet, das eine Sammlung seiner Werke, besonders seiner weltbekannten Plastiken zeigt.

WEITERE INFORMATIONEN

Via Gonare 2, www.museonivola.it, Do. bis Di. 10.00–13.00 u. 15.30–19.00 Uhr

RESTAURANT

€/€€ Antica Trattoria Il Rifugio, Via A. Mereu 28, Tel. 0784 23 23 55, www.trattoriarifugio.com. Einladende, nahe der Kathedrale gelegene Trattoria, in der es deftig-exquisite Barbagia-Küche gibt, aber auch Meeresküche und Pizza.

UNTERKUNFT

€€ Residence Grandi Magazzini, Via Dalmazia 5, Tel. 0784 1 94 74 18. Moderner Neubau nahe der Altstadt, mit hellen, modern im Designerstil eingerichteten Appartements.
€/€€ Hotel Grillo, Via Monsignor Melas 14, Tel. 0784 38 66 8, www.grillohotel.it. Stadthotel mit 45 Zi. im Zentrum nahe der Kathedrale.
€€ Agriturismo Testone, Loc. Testone, Sa Serra (25 km nordwestl. von Nuoro, siehe „Unsere Favoriten", S. 110/111). Eine weitläufige Azienda mit Obst- und Gemüsegarten, eigener Fischzucht und Haustieren. 8 Zi. in rustikalen Häuschen.

UMGEBUNG

Unmittelbar an der Stadtgrenze führt eine Straße zum Gipfel des **Monte Ortobene** (995 m), auf dem sich die Statue des Erlösers („Redentore") erhebt. Sie ist Ziel der „Sagra di Redentore", einer der größten Trachten-Prozessionen Sardiniens. Von Nuoros Hausberg, auf dessen Gipfel es Kioske und Restaurants gibt, hat man einen grandiosen Panoramablick auf die Gennargentukette, die Barbagia und das nahe Supramonte-Massiv. Über dem kleinen Hirtendorf **Burgos** thront eine im 12. Jh. von Gonario Giudica di Torres in Auftrag gegene Burg, deren Mauerring und Mittelturm noch bis heute fast vollständig erhalten geblieben sind.

INFORMATION
Tourist-Information, Piazza Italia 7, Tel. 0784 23 88 78, www.provincia.nuoro.gov.it

Gut bestrahlt: das abgelegene Bergdorf Gavoi (oben). Rechts: süße Sünden in der Torronificio Marotto (Via Roma 6, Tonara).

Orgosolo ist wegen seiner Vergangenheit als Banditenhochburg berüchtigt.

2 Oliena

Am Fuß des Supramonte gelegen, wird Oliena (7300 Ew.) vom Monte Corrasi, dem mit 1463 m höchsten Gipfel des Bergmassivs, überragt. Der durch seinen berühmten Rotwein Cannonau bekannte Ort hat sich dank seiner Lage zum lebendigen Zentrum für Outdoor-Aktivitäten entwickelt. Ein viel besuchtes Ausflugsziel ist die 6 km östlich gelegene Quelle **Su Gologone**, Sardiniens größte Karstquelle.

RESTAURANT
€/€€ **Masiloghi**, Via Galiani 68, Tel. 0784 28 56 96, www.masiloghi.it. Kleines, feines, bildschön gestaltetes „Ristorantino" mit exzellenten sardischen Köstlichkeiten.

UNTERKUNFT
€/€€ **Coop ENIS / Monte Maccione**, Tel. 0784 28 83 63, www.coopenis.it. Hoch über Oliena am steilen Hang gelegenes Trekkingzentrum mit Hotel und Restaurant. Die Zi. bieten eine atemberaubende Aussicht. Anfahrt über eine extrem steile Serpentinenstraße.
€€€ **Country Resort Su Gologone**, nahe der Quelle Su Gologone, Tel. 0784 28 75 12, www.su gologone.it. Das traditionsreiche, familiengeführte Hotel ist ein Hort exzellenter sardischer Küche und Kultur im Stil eines alten Landguts in herrlicher Alleinlage.

INFORMATION
Tourist-Information Galaveras, Via Grazia Deledda 32, Tel. 0784 28 60 78, www.facebook.com/presidioturisticooliena.galaveras

3 Orgosolo

Das Hirtendorf **Orgosolo** TOPZIEL (4000 Ew.) liegt im Zentrum des Supramonte am Fuß des Monte Lisorgoni (978 m). Der Ort ist wegen seiner Vergangenheit als Banditenhochburg berüchtigt. Im Zuge des erfolgreichen Kampfes der gesamten Dorfgemeinschaft gegen den auf ihren Weidegründen geplanten NATO-Truppenübungsplatz entstanden die ersten „Murales", große Wandbilder, an den Häuserwänden.

Tipp

Karnevalsmasken

Nicht ganz billig, aber eines der schönsten und authentischsten Andenken aus Sardinien ist eine Karnevalsmaske. Einer der letzten Maskenschnitzer der Insel ist **Ruggero Mameli** in **Mamoiada** (www.mascheremameli.com), der sie nach alten Vorlagen fertigt. Seine Werkstatt findet man in der Via A. Crisponi 19, sein kleines Privatmuseum mit über 200 Masken am Corso Vittorio Emanuele.

WEITERE INFORMATIONEN UNTER
www.mascheremameli.com

UNTERKUNFT
€ **Hotel Sa 'E Jana**, Via Emilio Lussu, Ecke Via Catte, 2, Tel. 0784 40 24 37. Das einfache, aber schöne Hotel bietet auch Jeep-Exkursionen in die Bergwelt des Supramonte-Massivs an.

UMGEBUNG
Bei Orgosolo liegt mit der unberührten **Foresta di Montes** eine der schönsten und spektakulärsten Gebirgslandschaften des Supramonte. Das kleine Hirtendorf **Mamoiada** ist für seine Karnevalsbräuche mit den Figuren „Mamuthones" und „Issohadores" bekannt. Mehr zu den düsteren Spektakeln des Carnevale di Barbagia mit seinen archaischen Riten erfährt man im **Museo della Maschere Mediterranee** (Piazza Europa 15, www.museodellema schere.it; Di. bis So. 10.00–13.00 u. 15.00–18.00 Uhr). Rund 25 km südwestl. ist **Fonni** der höchstgelegene Ort Sardiniens und das Tor zur hochalpinen Bergwelt um den **Monte Spada** (1595 m) und den **Bruncu Spina** (1829 m).

4 Gavoi

Das abgelegene Bergdorf Gavoi (2800 Ew.) liegt malerisch über dem verzweigten Stausee Lago di Gusana.

MUSEUM
Im **Museo Casa Porcu Satta** (Via Roma 187, www.museocasaporcusatta.it, auf Voranmeldung) werden u.a. antike, meist von den Hirten selbst gefertigte Spielsachen und Musikinstrumente präsentiert.

RESTAURANT/UNTERKUNFT
€ **Santa Rughe**, Via C. Felice 2, Tel. 0784 5 37 74, www.santarughe.it. Mitten im Herzen des historischen Ortszentrums gelegenes, gemütlich-rustikales Ristorante, in dem es neben sehr schmackhafter Bergküche auch Pizza aus dem Holzofen gibt.
€ **Hotel Sa Valasa**, Loc. Sa Valasa, Tel. 0784 5 34 23, www.hotelsavalasa.com. Außerhalb des Dorfes in stiller Natur idyllisch über dem Lago di Gusana gelegenes, einfaches und preiswertes Haus mit gutem Hausrestaurant.

5 Tonara

Tonara (2000 Ew.) ist für die Barbagiaspezialität Torrone berühmt, eine nur aus Honig, Mandeln und Eiweiß bestehende Nougatspezialität. Ihr zu Ehren findet im April die große Sagra del Torrone statt. Tonara ist auch die Heimat vom

„Klang Sardiniens" – der Glöckchen und Glocken der Schafe, Ziegen und Kühe. Fast alle werden in Tonara gefertigt.

SEHENSWERT
Im Ortsbild des steil am Hang klebenden Dorfes stehen zahlreiche Skulpturen des bekannten sardischen Bildhauers Pinuccio Sciola.

RESTAURANT
€ / € € **Locanda del Muggianeddu**, Via Monsignore Tore 10, Tel. 0784 6 38 85. Kleine, urgemütliche Locanda, in der das freundliche Betreiberpaar Köstlichkeiten der Barbagiaküche zubereitet; meist aus Zutaten mit wildem Spargel oder Pilzen, die es in den Wäldern der Umgebung selbst sammelt.

EINKAUFEN
Beste, nach traditionellem Rezept hergestellte Torrone gibt's im **Torronificio Pruneddu**, Via Porru 13, www.pruneddu.it.

UMGEBUNG
Von Tonara führt eine Straße hinauf auf den 1245 m hoch gelegenen **Passo Arco de Tascusi** und von dort weiter bis in die Gipfellagen des **Monte Spada**.

6 Aritzo

Das in dichte Eichen- und Kastanienwälder eingebettete Bergdorf Aritzo (1300 Ew.) ist eine traditionsreiche Sommerfrische am Fuß des höchsten Berges Sardiniens, der 1834 m hohen Punta La Marmora.

MUSEUM
Einen lebendigen Einblick in die Welt der Hirten gewährt das **Museo Etnografico** (Via Marconi, Di.–So. 10.00–13.00 u. 15.00–18.00 Uhr).

VERANSTALTUNG
Rodeo (Sept.) mit wild in den Bergen lebenden Pferden, **Sagra delle Castagne** (Okt.).

Tipp

Authentisch gut

Nach einer Bergwanderung herrlich erfrischend ist ein Sprung in den von einer Quelle gefüllten Pool des **Hotels Sa Muvara**. Die authentische Bergküche des Hauses genießt einen hervorragenden Ruf. Ninni Paba (Abb. S. 73 r.) ist ein Padrone im besten Sinne – als Hotelier, Landwirt und Arbeitgeber auch für viele Dorfbewohner, die ihm das, was er nicht selbst herstellt, zuliefern.

WEITERE INFORMATIONEN
€ € / € € € Hotel Sa Muvara,
Loc. Funtana Rubia, Tel. 0784 62 93 36,
www.samuvarahotel.com

Genießen Erleben Erfahren

DuMont Aktiv

Trekkingtour in den Bergen

Sardiniens wahre Seele findet man nur fern der Küste in den Bergen, ihren Dörfern und Bewohnern. Bei einer Trekkingtour auf den Spuren von Hirten und Banditen lernt man nicht nur die Natur kennen, sondern auch die Küche der Barbagia. Und die Bräuche ihrer Bewohner.

Die ebenso einsamen wie menschenleeren Berge und Gebirge Sardiniens mit ihrer wildromantischen, unberührten Natur sind ein Paradies für Naturliebhaber und Wanderer. Wer sich auf eigene Faust in die Berge aufmacht, muss allerdings einige Erfahrung, Orientierungssinn und Kondition mitbringen! Ausgeschilderte Wanderwege gibt es praktisch nicht. Gutes Schuhwerk und richtige Kleidung sind unerlässlich. In den Bergen kann das Wetter blitzschnell umschlagen. Unbedingt genügend Trinkwasser mitnehmen, denn die wenigen Wasserstellen finden nur die Einheimischen.

Es ist ratsam, sich einer geführten Tour anzuschließen. Die Guides der vielen Trekking-Coops sind als Mitglied der AIGAE (Associazione Italiana Guide Ambientali Escursionistiche) geschult und kennen sich in ihrer Region exzellent aus. Ein breites Angebot von ein- oder mehrtägigen Trekkingtouren, aber auch von Höhlenerkundungen, Canyoning- und Seakajakingtouren oder Expeditionen mit dem Jeep bietet Keya Tours von der erfahrenen Trekkingspezialistin und Autorin eines informativen Wanderführers Sardinien.

Weitere Informationen

Keya Tours, Exkursionszentrum Orosei, Tel. 0784 9 82 95, www.keya-sardegna.it

Soc. Gorropu, Passo Silana, SS 125, km 183 (auf der Passhöhe zwischen Dorgali und Urzulei über der Goruppu- Schlucht), Mobil-Tel. 0039 33 38 50 71 57, www.gorropu.com. Unter dieser Telefonnummer meldet sich Sandra Lietze, eine deutsche Diplom-Geografin, die mit ihrem Partner Franco Murru, einem Sarden aus Urzulei, sehr schöne Trekkingtouren veranstaltet.

Hier achtet man besser auf Schritt und Tritt.

Alter Reichtum, neuer Glanz

Auch der Südwesten von Sardinien ist eine Region der Kontraste. Die Berge des Sulcis und Iglesiente waren einst die Goldgrube der Insel – schon die Phönizier beuteten ihre reichen Bodenschätze aus. Nun sind alle Bergwerke geschlossen, das einst blühende Wirtschaftszentrum der Insel liegt brach. Die Mündungsebene des Tirso war vormals von der Malaria verseucht, heute ist sie ein Garten Eden, in dem Milch und Honig fließen.

Blick vom Torre Spagnola auf die Sinis-Halbinsel mit den Häusern von San Giovanni di Sinis und dem vorgelagerten Strand.

An der wildromantischen Küste der Sinis-Halbinsel besteht der Sand aus groben hellen Quarzkörnern, weshalb die Strände auch „Spiaggia di Risi“, Reiskornstrand, genannt werden (oben links). Die Ruinen des antiken Tharros liegen auf den Hügeln an der Südspitze der Sinis-Halbinsel (oben rechts). Das dreischiffige Kirchlein San Giovanni di Sinis beim gleichnamigen Ort ist wohl der älteste christliche Sakralbau der Insel (unten links). Geografisches Zentrum von Oristano ist die Piazza Eleonora d' Arborea (unten rechts). Den zentralen Platz umgeben einige der schönsten Palazzi der Stadt, darunter der im 17. Jahrhundert als Kloster genutzte Palazzo Comunale (im Bild links neben der Eleonora-Statue).

„Latte di Arborea" kennt auf Sardinien jedes Kind. Denn fast alle hier produzierten Milchprodukte stammen aus der Provinz Oristano. Die Mündungsebene des Tirso ist ein üppiger Garten Eden. Sogar Reis wird hier angebaut. Und die sich von Oristano bis vor die Tore Cagliaris erstreckende weite Ebene (Campidano) ist seit alters her die Kornkammer Sardiniens. Der Tourismus spielt hier kaum eine Rolle, fast jeder lebt von Ackerbau und Viehzucht. Als landwirtschaftlicher Umschlagplatz ist die kleine Provinzhauptstadt Oristano aber auch ohne Einkünfte aus dem Tourismussektor recht wohlhabend. Wer nicht von der Landwirtschaft lebt, lebt vom Fischfang: Die großen Stagni – die lagunenartigen Strandseen, die sich vor den Toren von Oristano entlang der Küste ausdehnen – sind außerordentlich fischreich. Ganz Cabras etwa lebt von der Meeräsche: Diese ist nicht nur ein beliebter Speisefisch; viel wichtiger ist ihr Rogen, der als „sardischer Kaviar" zu einer teuren Spezialität namens „Bottarga" verarbeitet wird.

Eine Stadt zieht um

„Portant a karrus sas pedras de Tharrus" lautet ein geflügeltes Wort im Südwesten von Sardinien: „Auf Karren bringen sie die Steine von Tharros". Das ist wörtlich zu verstehen, denn die bedeutende antike Hafenstadt Tharros auf der Halbinsel Sinis wurde wegen fortwährender Piratenüberfälle und wiederholter Plünderungen komplett aufgegeben. Stattdessen gründete man an sicherer Stelle die Stadt Oristano – und nutzte für ihren Bau die alte Römersiedlung als Steinbruch. Verschont blieb die kleine Kirche San Giovanni di Sinis: Das nahe dem Eingang zum antiken Tharros gelegene, im 5. Jahrhundert als byzantinischer Zentralbau errichtete Kirchlein ist eines der schönsten und ältesten frühchristlichen Gotteshäuser der Insel. Kulturhistorisch bedeutsam ist auch die Kathedrale Santa Giusta in einem gleichnamigen Vorort von Oristano. In der durch ihre schlichte Klarheit bestechenden Kirche findet man

Tief unten am Meer schmiegt sich bei Nebida die verfallene Laveria Lamarmora, eine ehemalige Erzwäsche, an die steilen Hänge.

Ihren Namen verdankt die vom Capo Pecora bis zur Marina di Arbus reichende Costa Verde dem grünen, mit Wacholderbüschen und Pinien bewachsenen Hinterland.

Vom punisch-römischen Tempio di Antas blieben sechs ionische Säulen erhalten.

Die Nuraghier

Special

Rätselhaft

Sie sehen aus wie gigantische Bienenstöcke: die kegelstumpfförmigen Steinbauten der Nuraghier. Ihre Bedeutung ist so rätselhaft wie das Volk, das um 1800 v. Chr. nach Sardinien kam und das manche für das aus steinzeitlichen Vorgängervölkern hervorgegangene sardische Urvolk halten. Vermutlich dienten ihre an die süditalienischen Trulli erinnernden, ohne Mörtel aufeinander geschichteten Turmbauten sowohl der Verteidigung als auch kultischen Zwecken.

In der Nuraghe Losa (Provinz Oristano)

korinthische und ionische Säulen sowie andere antike Relikte, die man aus Tharros hierher gebracht hat.

Reise in eine andere Welt

Die Fahrt über die Behelfsbrücke, die beim Fischerweiler Marceddi den Zulauf zum Stagno di Marceddi überquert, ist eine Reise in eine andere Welt. Wo eben noch auf fetten Wiesen satte Kühe weideten, dehnt sich nun verdorrtes, von struppiger Macchia überzogenes Land soweit das Auge reicht. Je länger man in Richtung Süden fährt, hinein in die Berge des Iglesiente, desto einsamer und karger wird die Kulisse. Das war nicht immer so. Vielerorts blickt man auf eigentümliche Ruinen, eingewachsene Bahndämme und -tunnel, verfallene Industrieanlagen, alte Schachteingänge – Relikte des Bergbaus, der die Gegend einst reich machte. Schon die Phönizier schürften hier nach den begehrten Erzen und legten den Damm zur Insel Sant'Antioco an, in dessen Hafen sie diese verschifften. Über viele Jahrhunderte hinweg wurden Silber, Eisen, Blei, Kupfer, Zink und Kohle gefördert. Für die Kumpels errichtete man ganze Dörfer; die Bergarbeiterstadt Iglesias wurde reich. Mussolini wollte mit der (minderwertigen) Braunkohle sein Reich energetisch unabhängig machen und ließ dafür die Stadt Carbonia aus dem Boden stampfen.

Besonders eindrucksvoll sind die Spuren dieser Historie entlang der Straße, die von der SS 126 über die verlassene Bergarbeitersiedlung Ingurtosu hinab ins Tal des Riu Piscinas an die Costa Verde führt. Zuerst geht es durch die Geisterstadt Ingurtosu, dann durch die unwirkliche Kulisse von Abraumhalden bis zu den Ruinen der in den 1960er-Jahren geschlossenen Mine. Auch das wie eine Fata Morgana mitten in der Wüstenei der Costa Verde liegende Hotel Le Dune ist ein steinerner Zeuge des Bergbaus. Untergebracht im ehemaligen Pferdestall der Mine, betritt man das Hotel durch einen (einem Stollen nachempfundenen) Gewölbetunnel.

Die vielen Bodenschätze weckten schon früh Begehrlichkeiten.

Naturjuwel Costa Verde

Die großartige Dünenlandschaft der Costa Verde ist eines der schönsten und wichtigsten Naturreservate Italiens. Bis

Via Giacomo Matteotti in Iglesias – einst eine wohlhabende Silberstadt mit vielen ertragreichen Minen in ihrer Umgebung.

Die Cala Domestica südlich von Buggeru wird von zwei Felsvorsprüngen gut geschützt.

Stillgelegter Zechenhafen Porto Flavia in der Nähe des ehemaligen Bergabeiterdorfes Masua.

Vor der Küste von Nebida ragt der gewaltige, 133 Meter hohe Felsen Pan di Zucchero aus dem unergründlichen, im tiefsten Blau schimmernden Meer.

Special

Eleonora di Arborea (um 1350 – um 1404)

Sardiniens Nationalheldin

Für die Sarden war die Regentschaft von Eleonora di Arborea eine goldene Ära. Ihr größtes Verdienst ist die im späten 14. Jh. verkündete Carta de Logu, ein für die damalige Zeit fortschrittliches Zivil- und Strafgesetzbuch, dessen Gültigkeit später auf ganz Sardinien ausgedehnt wurde und das bis 1827 in Kraft blieb.

Als die Tochter des Richters Mariano IV. um 1350 das Licht der Welt erblickte, war Sardinien in vier unabhängige sogenannte Judikate gegliedert, die von einem Richter regiert wurden. Ihr Vater war der Richter des Judikats von Arborea, dessen Grenzen sich in etwa mit denen der heutigen Provinz Oristano decken. Seit Papst Bonifaz III. im Jahr 1297 dem König von Aragon Sardinien als Lehen schenkte, versuchte die Besatzungsmacht Aragon die Macht der Richter zu brechen. Gegen den Verlust ihrer Unabhängigkeit wehrten sich die Sarden in zahlreichen Volksaufständen. Als Eleonoras Vater 1376 starb und sein Nachfolger, Eleonoras Bruder Ugone, 1383 in einem dieser Aufstände fiel, übernahm Eleonora de facto die Herrschaft. Ihr gelang das Kunststück, die traditionell zerstrittenen Sarden im Krieg gegen Aragon zu vereinen und dem Judikat Arborea seine Unabhängigkeit zu bewahren.

Denkmal auf der Piazza Eleonora in Oristano.

zu 30 Meter hoch türmt der Wind hier goldgelbe Sandberge auf. Die im Tal des Riu Piscinas gelegenen Strände sind nur über abenteuerliche Geländepisten zu erreichen. Das ist auch gut so, denn die Costa Verde ist einer der letzten Orte Europas, an denen Meeresschildkröten ihre Eier ablegen.

Über Buggeru führt die meist einsam daliegende Küstenstraße weiter zur spektakulären Steilküste bei Masua und Nebida – alte, vom Bergbau geprägte Orte, denen man mit der Restaurierung der alten Minenanlagen im Rahmen des EU-geförderten Projekts „Parco Geominerario Storico e Ambientale della Sardegna" etwas Tourismus und damit neue Einkommensquellen verschaffen will. Ob das Erfolg haben wird, bleibt zweifelhaft. Gesichert ist dieser für einige junge Leute aus Nebida, die aus einem alten, in den Fels gesprengten Sprengstoffbunker einer Mine eine Felsenbar machten. Die spektakulär hoch über dem Meer im steilen, fast senkrecht abfallenden Fels gelegene Bar mit dem ungewöhnlichen Namen „Al 906 Operaio" (siehe „Unsere Favoriten", S. 20/21) ist heute einer der romantischsten Plätze Sardiniens, um bei einem Glas Wein den Sonnenuntergang zu erleben. Von der Terrasse aus genießt man einen wunderbaren Blick auf die wilde Steilküste.

BRAUCHTUM UND TRADITION

Feste feiern

Die sprichwörtliche Freigiebigkeit und Gastfreundschaft der Sarden zeigt sich nirgendwo deutlicher als auf ihren Festen, auf denen man oft spontan eingeladen wird, an der Tafel Platz zu nehmen und mit ihnen zu essen, zu trinken und zu feiern.

Oben und rechte Seite: Sagra di Sant'Efisio in Cagliari. „In ballo e in festas si conoschen sa testas" – bei Fest und Tanz lernt man die Köpfe kennen – lautet ein sardisches Sprichwort.

Eigentlich haben die Sarden mit dem lebenslustigen Dolce far niente der Italiener wenig gemein. Eigentlich. Andererseits zeigt ein Blick in den rund 1000 traditionelle Feste auflistenden Festtagskalender der Insel, dass die Sarden jedenfalls oft und gerne feiern. Da sie meist tiefgläubige Katholiken sind, ist die überwiegende Zahl ihrer Feste von religiöser Natur. Jedes Dorf hat seinen Schutzheiligen, den man wenigstens einmal im Jahr mit einer Prozession ehrt. In Festtagskleidung, also der traditionellen Dorftracht, zieht die Dorfgemeinschaft dann zu einem der vielen Landkirchlein. Nach dem Beten und Beichten wird dort oft tagelang ausgiebig den irdischen Genüssen Tribut gezollt. Zur Tradition gehört es dabei meist, alle Anwesenden ohne Ansehen von Person und Herkunft kostenlos speisen zu lassen.

Prächtige Prozessionszüge

So wird zum Beispiel anlässlich der Sagra di San Francesco rings um das gleichnamige Kirchlein am Monte Cresia bei Lula nach alter Tradition eine ebenso einfache wie köstliche Suppe verteilt. Drei Tage dauert die Sagra di Santa Susanna von Busachi, bei der sich gleich zehn Prozessionszüge formieren. Ganze neun Tage lang dauert das Fest „der Getrösteten" (Su Cossolu) im Bergdorf Orune. Neben den zahlreichen lokalen Wallfahrten gibt es auch große, überregional bedeutende Prozessionen, zu denen die Menschen aus ganz Sardinien zusammenströmen. Zu ihnen zählt die Sagra del Redentore, bei der von Nuoro aus ein prächtiger Prozessionszug hinauf zum Standbild des Erlösers auf dem Monte Ortobene zieht. Auch die Sagra Nostra Signora di Gonare zum Pilgerkirchlein auf dem Gipfel des Monte Gonare bei Orani oder die Sagra di Golgo, zu der eine lange Prozession von Baunei auf den Altopiano su Golgo hinaufzieht, gehören dazu. Das bedeutendste kirchliche Fest ist die unter inbrünstiger Anteilnahme begangene Sagra di Sant'Efisio, an der Trachten-, Musik- und Tanzgruppen aus ganz Sardinien teilnehmen. Absoluter Höhepunkt im kirchlichen Festtagskalender aber ist die „Settimana Santa", die inselweit auf verschiedenste Art begangene Osterwoche. Besonders eindrucksvoll sind Büßerprozessionen wie „Lu Lunissanti" in Castelsardo oder die Passionsspiele von Oliena oder Sassari.

Heilige, Hirten & Co.

Wenn einmal kein Heiliger zu feiern ist, sind die Sarden wenig verlegen, sich andere Gründe zum Feiern ein-

Oben: Paar in der Tracht von Orgosolo auf der Sagra di Sant' Efisio in Cagliari. Unten: Cavalcata Sarda, das größte sardische Frühlingsfest, in Sassari.

fallen zu lassen. Jedes Dorf hat sein meist mehrtägiges Ernte- oder Hirtenfest, bei dem alles gefeiert wird, was wächst und kreucht. In Mandas ist das der Käse, in Guspini der Honig, in Telti der Myrto-Likör, in Belvi die Kirsche, in Siligo die Salsiccia, in Gesico die Schnecke und in Bortigiadas das Bier.

Pferdevernarrte Sarden

Eine besondere Gruppe der weltlichen Feierlichkeiten bilden die Reiterfeste, auf denen die pferdevernarrten Sarden ihre Künste im Sattel und ihren Wagemut vorführen. Berühmt ist die traditionsreiche Sartiglia di Oristano, bei der maskierte Reiter auf prachtvoll geschmückten Pferden im gestreckten Galopp versuchen, einen Stern mit der Lanze zu durchbohren. Halsbrecherisch und nicht selten von schweren Unfällen überschattet sind wilde, tollkühne Hetzjagden wie das Sa Carrela e Nanti in Santu Lussurgiu oder der dreitägige S'Ardia in Sedilo.

Il Carnevale

Karneval wird auf ganz Sardinien in sehr unterschiedlicher Art und Weise begangen: ausgelassen und fröhlich in Tempio Pausania (mit großem Umzug), besonders sinnlich in Bosa, eher düster mit finsteren Maskenwesen in den abgelegenen Bergdörfern der Barbagia. Die berühmtesten Maskenwesen sind die Mamuthones und Issohadores von Mamoiada. Hier werden die schwerfälligen, mit bedrohlichen schwarzen Masken verkleideten, zotteligem Fell und zentnerschweren Geläuten behängten Mamuthones von den leichtfüßigen, hinter einer weißen Larve verborgenen, bunt kostümierten Issohadores mit Peitschen durchs Dorf getrieben und per Lasso eingefangen.

Wissenschaftler vermuten, dass die Figur der Mamuthones den phönizischen Regengott Maimone verkörpert. Doch für die Sarden symbolisieren die Mamuthones ihr eigenes Volk und die Issohadores die fremden Eroberer, die sie jagen, verlachen, einfangen und zur eigenen Belustigung durch die Gassen treiben.

Nützliche Internetlinks

Wer sich näher für die sardische Kultur interessiert, der wird auf www.sardegnacultura.it fündig. Das umfangreiche Archiv bietet (leider nur in italienischer Sprache) detaillierte Informationen zu zahlreichen Themen wie „Traditionen" und „Feste".

Eine wahre Fundgrube ist www.sardegnadigitallibrary.it, eine Art digitales Gedächnis Sardiniens mit teilweise einzigartigen historischen Fotos und Filmdokumenten.

Während der Cavalcata Sarda verwandeln sardische Volksgruppen Sassari in einen Festschauplatz, auf dem sie zu Fuß und zu Pferd ihre typischen Trachten und Traditionen zeigen.

Maßstab 1:360.000
0
6km
Golfo
di
Oristano
1
2
3
4
5
6
7
Costa Verde
ORISTANO
SANLURI
IGLESIAS
CAGLIARI
ASSEMINI
Cabras
Arborea
Terralba
Marrubiu
Uras
Guspini
Arbus
Fluminimaggiore
Villacidro
Sardara
Barumini
Mogoro
Samassi
Serramanna
Decimomannu
Siliqua
Domusnovas
Gonnesa
Buggerru
Montevecchio
Monte Arci
Giara di Gesturi
Laconi
Isili
Villasor
Serrenti
Tharros
Capo San Marco
Capo Mannu
Capo Pecora
Santa Giusta
Fordongianus
Sorgono
Samugheo
Mogorella
Uta
Elmas

An der Grünen Küste

Bis um die Mitte des 20. Jahrhunderts war dies die bedeutendste Bergbauregion der Insel. Mit acht unter Schutz gestellten Bergwerken ist sie heute als Parco geominerario, storico ed ambientale ausgewiesen. Einige Minen können besichtigt werden. Wertvollster Schatz der Natur ist die Costa Verde mit ihren faszinierenden Dünenlandschaften.

1 Cabras und die Sinis-Halbinsel

Der unscheinbare Fischerort (9000 Ew.) liegt am 2300 ha großen Stagno di Cabras, der zu den fischreichsten Gewässern Italiens zählt. Cabras ist für seine so vielfältige wie ausgezeichnete Meeresküche bekannt.

RESTAURANTS

€€ **Il Caminetto**, Via C.Battisti 8, Tel. 0783 39 11 39, www.ristorante-ilcaminetto.com. Beste, von der Accademia Italiana della Cucina ausgezeichnete Cucina Tradizionale aus der Küche der Brüder Canu, die auch das gleichnamige Hotel betreiben.

€/€€ **Zia Belledda**, Via Amsicora 43, Tel. 0783 29 08 01. Alteingesessene, familiäre Trattoria, in der im eher schlichten Ambiente nach alten Hausrezepten zubereitete Spezialitäten aus Lagune und Meer serviert werden.

UNTERKUNFT

€/€€ **Hotel Villa Canu**, Via Firenze 9, Tel. 0783 29 01 55, www.hotelvillacanu.com. Einladendes, in einem historischen Gehöft untergebrachtes Haus im Zentrum der Altstadt. 24 charmant eingerichtete Zi. gruppieren sich fast alle um den stillen idyllischen Innenhof.

SINIS-HALBINSEL

Cabras ist das Tor zur Halbinsel Sinis. Die wildromantische Küste mit ihren außergewöhnlichen „Reiskornstränden" steht zum großen Teil unter Naturschutz. An der Straße nach Tharros liegt der von einer hohen Mauer umfasste Wallfahrtsort **San Salvatore**, der einigen Italo-Western als Kulisse diente. Unter der Kirche San Salvatore verbirgt sich ein Hypogäum, eine unterirdische Kultstätte, die schon von den steinzeitlichen Nuraghiern und den frühen Christen genutzt wurde. Die große Attraktion auf Sinis ist die antike Römerstadt **Tharros** (www.penisoladelsinis.it, tgl. 9.00–17.00, in der Saison bis 20.00 Uhr). Die einst größte und wichtigste Hafenstadt Sardiniens wurde etwa im 11. Jh. v. Chr. von den Phöniziern gegründet. Ab dem 3. Jh. war sie unter römischer Herrschaft. Um das Jahr 1000 wurde sie aufgegeben und erst 1851 wieder entdeckt. Einen optimalen Überblick über das weitläufige Ausgrabungsgelände hat man vom Torre San Giovanni, der im 16. Jh. auf dem höchsten Punkt der Landzunge errichtet wurde. Nahe dem Eingang zur Ausgrabungsstätte von Tharros liegt in der kleinen Siedlung **San Giovanni di Sinis** das gleichnamige, im 5. Jh. bildschöne errichtete frühchristliche Kirchlein.

Tipp

Giganten

Als ein Bauer 1974 auf seinem Feld am Monte Prama bei Cabras einen riesigen Kopf auspflügte, ahnte er nicht, dass er einen archäologischen Sensationsfund gemacht hatte. 30 Jahre verschwanden die geborgenen Bruchstücke im Keller des Archäologischen Museums in Cagliari. Erst als man begann, die geborgenen Bruchstücke zusammenzusetzen, erkannte man, dass es sich um gigantische Steinskulpturen aus spätnuraghischer (8.–6.Jh v. Chr.) Zeit und damit um die ältesten freistehenden Großsteinplastiken Europas handelt. Heute kann man sie im Museum von Cabras in einem eigens für die Kolosse erbauten Gebäude bewundern.

MUSEO CIVICO

Cabras, Via Tharros 121, Tel. 0783 29 06 36, www.museocabras.it, April–Okt. Mo.–Sa. 9.00–13.00 u. 16.00–20.00, So. 9.00–13.00 u. 15.00 bis 20.00, Nov.–März Di.–So. 9.00–13.00 u. 15.00–19.00 Uhr

Auf der Sinis-Halbinsel: Blick von der Spiaggia di San Giovanni di Sinis zum Torre Spagnola

2 Oristano

Oristano (32 000 Ew.) ist das landwirtschaftliche Zentrum Sardiniens. 1974 wurde es Hauptstadt der neu geschaffenen gleichnamigen Provinz. Gegründet wurde sie 1070 von den Bewohner von Tharros. Ihre Blütezeit erlebte sie im 13./14. Jh. als Zentrum des Judikats Arborea. Unter der Führung Eleonoras von Arborea konnte das Judikat sich so lange wie keine andere Region der Insel gegen die spanischen Besetzer erwehren. Erst 1409, nach der verlorenen Schlacht von Sanluri, geriet sie unter spanische Herrschaft.

SEHENSWERT/MUSEUM

Die monumentale **Kathedrale Santa Maria Assunta** überragt weithin sichtbar das Stadtbild. 1228 erbaut, wurde sie im Lauf der Zeit mehrfach um- und ausgebaut und vereint mehrere Stilrichtungen. Im Original hat sich nur die gotische Kapelle Rimideo und der untere Teil des Glockenturms erhalten. Der Domplatz wird vom herrschaftlichen Bischofspalast und dem ehem. Priesterseminar gesäumt. Die **Piazza Eleonora** ist das urbane Herz der Stadt. In der Mitte erhebt sich die weiße **Marmorstatue der Eleonora di Arborea**. Gesäumt wird der Platz vom **Palazzo Comunale** aus dem 17. Jh.

Die Nuraghen bei dem Ort Barumini wurden von der UNESCO zum Erbe der Welt ernannt (rechts; oben einige Fundstücke der Nuraghenkultur – „Bronzetti" – im archäologischen Nationalmuseum in Cagliari)

und vom imposanten **Justizpalast**. Von der Piazza führt der als Fußgängerzone gestaltete **Corso Umberto** schnurgerade auf die **Piazza Roma**, auf der sich mit dem **Torre di Mariano** ein letztes Zeugnis der einstigen Stadtmauer erhebt. Einziges Museum ist das **Antiquarium Arborense** (Piazza Corrias, www.antiquarium arborense.it, Mo.–Fr. 9.00–20.00, Sa./So. 9.00 bis 14.00 u. 15.00–20.00 Uhr) mit archäologischen Funden aus der punisch-römischen Epoche. Sehr interessant ist auch das **Centro Documentazione della Sartiglia** (Piazza Eleonora d'Arborea 44, www.sartiglia.info, Juli–Sept. Mo.–Fr. 9.00–14.30 u. 15.30–21.00, Sa./So. 9.00 bis 14.00 u. 16.00–21.00 Uhr) mit seiner Ausstellung zur Sartiglia di Oristano; einem spektakulären Reiterfest, das traditionell am Faschingssonntag abgehalten und seit einigen Jahren im August wiederholt wird.

RESTAURANTS
€/€€ Da Gino, Via Tirso 13, Tel. 0783 7 14 28. Kleine, bei den Einheimischen beliebte Trattoria nahe der Piazza Roma mit einfacher, aber sehr schmackhafter Küche.
€€ Cocco e Dessi, Via Tirso 1, Tel. 0783 25 26 48, www.coccoedessi.it. Traditionsreiches, seit 1925 bestehendes Lokal. Die Einrichtung ist etwas angestaubt, das Essen aber gut.

UNTERKUNFT
€€€ Regina d'Arborea, Piazza Eleonora d'Arborea 4, Tel. 0783 30 21 01, www.hotel reginadarborea.com. Prachtvoller Palazzo von 1874 mit originalem Mobiliar, Gewinner des „Historic Hotel of the Year"-Awards 2016.

UMGEBUNG
Oristanos „Seebad" **Marina di Torre Grande** (9 km westl.) schmückt sich mit einem 6 km langen, von einer Palmenpromenade mit zahlreichen Strandbars gesäumten Sandstrand. Nur 5 km südl. erhebt sich auf einem kleinen Hügel im Vorort Santa Giusta die romanische Kathedrale Santa Giusta, ein dreischiffiger, 1135 errichteter Bau.

INFO
Tourist-Information, Piazza Eleonora 18, Tel. 0783 3 68 32 10, www.gooristano.com

3 Costa Verde

Die nahezu unberührte **Costa Verde** TOPZIEL mit ihren bis zu 50 m hohen Dünen steht unter strengem Schutz. Verbote sind unbedingt zu beachten. Sie ist nur über drei Zugänge zu erreichen. Zwei davon führen ins Tal und an die Mündung des Riu Piscinas, der Dritte zum herrlichen Strand bei Scivu im Südteil der „Grünen Küste".

UNTERKUNFT
€/€€ Hotel Le Dune, am Strand von Piscinas, Tel. 070 97 71 30, www.leduneingurtosu.it. Einsam inmitten der Sandwüstenei am Strand von Piscinas gelegenes Haus, dessen sandfarbene, 1985 zum „Monumento Nazionale" erklärte Gebäude einst als Stall für jene Pferde dienten, mit deren Hilfe das gebrochene Erz zum Verschiffen an den Strand gezogen wurde.

4 Arbus

Das charmante, am Rand der Tieflandebene Campidano gelegene Städtchen (6500 Ew.) ist ein Zentrum der sardischen Messerschmiedekunst.

MUSEUM
Deren Meisterwerke zeigt das **Museo di Coltello Sardo** (Via Roma 15, www.museodel coltello.it, tgl. 9.00–14.30 u. 15.30–19.00 Uhr, Eintritt frei).

RESTAURANT
€ Sa Lolla, Via Liberta 271, Tel. 070 9 75 40 04, www.ristorantesardosalolla.it. Das kleine gemütliche Restaurant ist eine kulinarische Institution in der Region. In der Saison sollte man vorher reservieren.

UMGEBUNG
Die Umgebung von Arbus ist vom ehemaligen Bergbau geprägt. So war die ehemalige Bergarbeitersiedlung **Montevecchio** bis zu ihrer Schließung in den 1960er-Jahren eine der größten Anlagen Europas zur Förderung von Silber, Zink und Blei. Die historischen Einrichtungen werden nun saniert und der Öffentlichkeit zugänglich gemacht (Miniera Montevecchio, www. minieramontevecchio.it, Tel. 070 97 31 73).

5 Fluminimaggiore

Fluminimaggiore (2900 Ew.) verdankt den Erzvorkommen seiner Umgebung seine Entwicklung zur lange Zeit prosperierenden Bergbausiedlung.

MUSEUM
In einer Wassermühle von 1700 findet man das **Museo Etnografico Antico Mulino** (Piazza Gramsci, Juni–Sept. 10.00–13.00 u. 17.00–20.00, Okt.–Mai 10.00–13.00 u. 16.00–19.00 Uhr).

UNTERKUNFT
€€/€€€ Hotel Sardus Pater, Loc. Portixeddu, Tel. 0781 5 40 36, www.hotelsarduspater.it. Von den hoch über der Strandbucht am steilen Berghang gelegenen Terrassen der 14 Zi. hat man eine herrliche Aussicht auf den Golfo di Leone.

UMGEBUNG
Etwa 5 km weiter südl. liegt in stiller Natur die **Grotta Su Mannau** (www.sumannau.it, Juli bis Okt. tgl. 9.30–18.30, April–Juni bis 17.30 Uhr). Einige Kilometer weiter biegt von der Straße nach Iglesias bei km 54 eine Stichstraße ab, die zum idyllisch gelegenen **Templo di Antas** führt (Juli–Sept. tgl. 9.30–19.30, April/Mai/Okt. bis 17.30, Nov.–März Di.–So. bis 16.30 Uhr). Die Anlage wurde von den Römern im 3. Jh. v. Chr. auf den Fundamenten eines punischen Tempels errichtet. Zum Gebiet von Fluminimaggiore gehören auch der wunderbare Sandstrand von Portixeddu und das wildromantische Capo Pecora. Von der Portixeddubucht führt die Küstenstraße über drei Bergbaudörfer entlang der wildesten und wohl auch schönsten Steilküste Sardiniens. In **Buggeru** kann man die Galleria Henry besichtigen, in **Masua** die Anlagen des Zechenhafens Porto Flavia (www.minieredisar degna.it, Tel. 0781 49 13 95). Kurz nach Buggeru führt ein Sträßchen durch ein Bachtal hinab zur **Cala Domestica**. In der idyllischen Bucht wartet ein zauberhafter Sandstrand. Klettert man durch das am rechten Buchtrand in den Fels gehauene Loch, steht man in einer winzigen Nebenbucht mit einem ebenso winzigen aber bilderbuchschönen Ministrand. Am Belvedere in **Nebida** spaziert man rings um eine steile Felsnadel, an deren Vorderseite die **Felsenbar al 906 Operaio** (siehe „Unsere Favoriten" S. 20/21) liegt.

INFO
Tourist-Information, Via V. Emanuele 225, Tel. 0781 58 09 90, www.startuno.it

Tipp

In der Unterwelt

Die **Grotta di San Giovanni** bei Domusnovas ist die wohl ungewöhnlichste Tropfsteinhöhle auf Sardinien. Durch sie führt eine Teerstraße, die für eine Mine angelegt wurde und nun zu Fuß durchwandert werden kann.

6 Iglesias

Auch diese kleine Stadt (27 000 Ew.) verdankt ihre Existenz dem Bergbau. Sie ist eine Gründung der Römer, die hier nach Silber schürften.

SEHENSWERT/MUSEUM
Urbanes Zentrum ist die **Piazza Municipio**. Die Geschichte des Bergbaus erzählt das **Museo dell'Arte Mineraria** (Via Roma 47, www.museoartemineraria.it, Juni–Sept. tgl. 18.30–20.30, sonst Voranmeldung Tel. 0781 35 00 37). Rings um die Stadt liegen alte Minenanlagen wie die Miniera Monteponi oder die Galleria Villamarina, die im Rahmen von Führungen besichtigt werden können (www.igeaspa.it).

INFO
Tourist-Information, Piazza Municipio (im Palazzo Civico), Tel. 0781 2 74 50, www.sportelloiatiglesias.it

7 Barumini

Das Bauern- und Hirtendorf (1300 Ew.) liegt am östlichen Rand der Marmilla, einer vulkanisch geprägten, hügeligen Landschaft.

SEHENSWERT/MUSEUM
Seine Bekanntheit verdankt der Ort der etwas außerhalb gelegenen, zum UNESCO-Welterbe gehörenden Ausgrabungsstätte **Su Nuraxi** TOPZIEL (www.fondazionebarumini.it, tgl. ab 9.00, Jan./Feb./Dez. bis 16.00, März/Okt./Nov. bis 16.30, Sept. bis 18.30, Okt. bis 17.30, Mai bis Aug. bis 19.00 Uhr). Entdeckt wurde der um 1500 v. Chr. begonnene, in mehreren Bauphasen zur riesigen Nuraghierfestung erweiterte, bis zum 14. Jh. bewohnte Komplex erst 1949, nachdem starke Regenfälle und ein abrutschender Hügel Teile der bis dahin unter einer Erdschicht versteckten Anlage sichtbar werden ließen. Freigelegt wurde sie 1951–1956 von dem aus Barumini stammenden Archäologen Giovanni Lilliu. Funde aus Su Nuraxi präsentiert das **Museo Casa Zapata** in Barumini in seiner archäologischen Abteilung; hinzu kommen eine historische und eine ethnografische Sammlung, auch sardisches Kunsthandwerk gibt es zu bestaunen (Piazza Giovanni XXIII, Tel. 070 9 36 84 76, Dez. bis Feb. tgl. 10.00–13.30 u. 15.00 bis 17.00, März/Nov. bis 17.30, April/Sept. bis 19.00, Mai bis Aug. bis 20.00, Okt. bis 18.30 Uhr).

UNTERKUNFT
€/€€ **Hotel Sa Lolla**, Via Cavour 49, Tel. 070 9 36 84 19. Ein sehr einladendes, in einem historischen Gehöft untergebrachtes Hotel mit sieben einfachen Zimmern und einer guten regionalen Küche.

UMGEBUNG
Etwa 15 km nordöstl. von Barumini erhebt sich der **Giara di Serri**, ein großer Tafelberg, der mit dem **Santuario Nuragico Santa Vittoria** eine bedeutende archäologische Stätte samt Brunnenheiligtum, Tempel und Dorf auf seinem Rücken trägt (tgl. 9.00 Uhr bis Dämmerung).

Genießen Erleben Erfahren

DuMont Aktiv

Reiten am Strand

Die Sarden sind ein Volk von absoluten Pferdenarren und exzellente Reiter. Kein Fest, auf dem sie nicht ihr oft wagemutiges Können im Sattel präsentieren. Gemeinsam mit ihnen zu Pferde durch die Insel zu streifen ist ein einmaliges und unvergessliches Erlebnis.

Pferdeliebhabern bietet Sardinien eine Fülle unterschiedlichster Angebote für einen gelungenen Reiturlaub. Ein Gefühl ungezügelter Freiheit durchströmt Ross und Reiter beim abendlichen Ausritt am menschenleeren Strand. Einige Erfahrung sollte man bei den mehrtägigen Wanderungen zu Pferde aber schon mitbringen.

Trilogie der Elemente: Ganz im Südwesten Sardiniens liegt in einer der einsamsten und zugleich schönsten Landschaften der Insel die Maneggio Cabus de Figus von Ernest und Maggie. Ernest ist ein langjährig erfahrener Reitlehrer, Maggie eine ausgebildete Reittherapeutin. Die beiden Schweizer haben ihre Leidenschaft zum Beruf gemacht und bieten u. a. eintägige Pferdetrekking-Touren („Trilogie der Elemente") zu den grandiosen Stränden der Costa Verde, dem wildromantischen Capo Pecora oder durch die duftenden Wälder zum einsamen Bergsee Piscina Mota.

Buchung & Informationen

Maneggio Cabus de Figus, 09010 Portixeddu, Tel. 0781 5 49 43, www.cavalloweb.de

Jenseits von Afrika

Nicht Neapel oder Rom sind der sardischen Hauptstadt am nächsten, sondern Tunis. Auch klimatisch und kulturell spürt man den „Atem Afrikas“. An Sardiniens Südküste und ihren Standparadiesen klettern die Temperaturen deutlich höher als im Norden, auf den Speisekarten steht eine spannende Mischung aus italienischen und arabischen Elementen.

Fangfrisch: Wer könnte diesem im Hafen von Sant'Antioco so freundlich offerierten Fang widerstehen?

Wo einst riesige Graniblöcke auf Frachtschiffe verladen wurden, genießt man heute zumindest im Früh- und Spätsommer den Reiz der Abgeschiedenheit. In der Hochsaison aber reihen sich an der Punta Molentis bei Villasimius die Urlauber dicht an dicht.

Der flach ins Meer abfallende Sandstrand der Spiaggia Porto Giunco bei Villasimius liegt hinter dem Lagunensee Notteri, in dem noch Flamingos heimisch sind. Überragt wird der schöne Strand vom Sarazenenturm Torre di Porto Giunco.

Ein Fischer an der Spiaggia di Punta Molentis mit seinem frischen Fang.

Von Villasimius über die Costa Rei bis nach Muravera (hier im Bild) reihen sich die schönsten Badeziele in nördlicher Richtung.

„Die Sarden … lassen die große Welt getrost ihren Weg in die aufgeklärte Hölle fahren."

D. H. Lawrence

Cagliari ist eine so widersprüchliche wie faszinierende Stadt, eine Mischung aus maurischem, iberischem und römischem Erbe, aus Genua und Algier, Barcelona und Palermo. Sie ist ein Schmelztiegel der Kulturen und Künste, und sie gehört noch ganz den Cagliaritanern: Die Bars und Cafés unter den Arkaden des Prachtboulevards Via Roma sind keine schicken Touristenlokale mit dem üblichen Preisaufschlag; hier treffen sich die Einwohner traditionell beim Espresso oder einem Bier. Man kennt sich, liest Zeitung, plaudert mit dem Kellner.

Zur Mittagspause strömen die Arbeiter und Angestellten in die zahllosen Lokale, die das Marinaviertel zwischen der Via Roma und Castello zum „Bauch der Stadt" machen. Nirgendwo sonst auf Sardinien ist die gastronomische Dichte und Vielfalt so hoch wie in seinen Gassen. Aus geöffneten Türen wehen verlockende Düfte, dringt Stimmengwirr. Man isst hier besser und billiger als in vielen Touristenorten an der Küste. Auch in der Shopping- und Flaniermeile Via Manno, die sich von der Piazza Yenne als Fußgängerzone quer durch die Altstadt bis zur Piazza Costituzione erstreckt, bestimmen noch alteingesessene Geschäfte das Bild. Wie beharrlich sich die Stadt gegen den Druck zu internationaler Konformität sperrt, zeigt sich etwa im stets gut besuchten Antico Cafè, in dem schon Grazia Deledda und D. H. Lawrence zu Gast waren. Seit 1855 treffen sich die Cagliaritaner in der traditionsreichen Adresse zu Füßen der Bastione Saint Remy.

Am späten Nachmittag, wenn sich die Hitze des Tages allmählich legt, steigt man hinauf ins Castelloviertel zum Balkon der Stadt, der Terrazza Umberto, um in der aufkommenden Abendbrise durchzuatmen und den wunderbaren Blick über die Dächer der Altstadt hinaus auf den Golfo degi Angeli zu genießen. Es ist diese uneitle, unaufgeregte Normalität, die den Charakter der Stadt prägt und sie so liebenswert macht.

Moderne und Natur

Ihr mediterranes Temperament zeigen die Hauptstädter an ihrem Stadtstrand Poetto. Dessen breites Sandband ist mit seinen Bars, Clubs und Discos das Amüsierviertel von Cagliari. Nur einen Steinwurf entfernt vom turbulenten Beachlife dehnt sich landeinwärts ein riesiger Lagunensee aus, hinter dem die gesichtslosen Hochhäuser der wuchernden Satellitenstadt Quartu Sant'Elena aufragen.

Es ist eine eigentümliche Szenerie: Vor der in Beton gegossenen Kulisse wuchernder Urbanität staksen langbeinige Flamingos in den flachen Salinen. Der

Im Uhrzeigersinn von ganz oben links: Blick über den Hafen auf die Altstadt von Cagliari, Marmorlöwen im Dom der Kapitale, der Salone Consiliare im Palazzo Viceregio, dem heutigen Amtssitz der Präfektur Cagliaris.

Der Duomo Santa Maria di Castello in Cagliari wurde ab 1217 im Stil der pisanischen Romanik errichtet und später mehrfach umgestaltet.

Die um 1900 aus Marmor errichtete Bastione di San Remy beherrscht Cagliaris Piazza Costituzione, an der die Hauptstraßen der Stadtteile Marina und Villanova zusammentreffen.

Cagliari gehört zu den schönsten Metropolen des Mittelmeeres.

550 Hektar große Stagno Molentargius mit seiner außergewöhnlichen Flora und Fauna bildet ein bedeutendes Natur- und Vogelschutzgebiet. Dieser unmittelbaren Nachbarschaft von urbaner Moderne und weitgehend unberührter Natur begegnet man entlang der gesamten Küste zwischen Cagliari und Villasimius.

Die Küstenstraße schlängelt sich durch von Macchia überwucherte, von Felsbrocken übersäte Natur hinauf auf die Klippen und hinab in die Taleinschnitte mit goldgelben Sandstränden wie aus dem Bilderbuch, in denen wohlhabende Hauptstädter ihre schmucken Wochenend-Villen haben. Der einstmals unscheinbare Fischerort Villasimius ist heute ein beliebtes Ausflugsziel der Cagliaritaner. In der ganzjährig geöffneten Touristenhochburg weilte 1954 Ernst Jünger, um an seinem im Jahr darauf veröffentlichten Reisetagebuch „Am Sarazenenturm" zu arbeiten. Villasimius heißt darin „Illador"; die Herberge, in der er damals logierte, sieht heute noch so aus wie zur Zeit seiner Visite. Die Betreiberfamilie des Albergo Stella d'Oro ist mächtig stolz auf den berühmten Gast, der ihre Insel später noch mehrmals besuchte und meinte, sie beschere ihm „zeitlose Heiterkeit".

Auf den Spuren der Römer

Obwohl autobahnartig ausgebaut, ist die vierspurige Straße, die aus dem Großraum Cagliari in Richtung Westen führt, im Sommer regelmäßig verstopft. Denn was im Osten Villasimius, ist im Westteil der Südküste Pula. Auch hier steppt das

Der Elefantenturm, Torre dell'Elefante, wurde 1305 bis 1307 als Teil der pisanischen Befestigungsmauer in Cagliari errichtet. Einen weiten Blick über diese Anlage hat man von der Aussichtsterrasse vor dem Café Libarium Nostrum.

In Cagliaris Mercato Civico di San Benedetto reihen sich knapp 250 Stände aneinander. Die Fischhändler bieten im Kellergeschoss ihre Waren feil: neben Fisch aller Art auch Garnelen, Krabben, Langusten, Muscheln …

Im Caffè Svizzero am Largo Carlo Felice, einem breiten, von Jacarandabäumen gesäumten Boulevard nördlich vom Hafen, wird man herzlich empfangen.

Zweiradfreuden zu zweit: in Cagliaris Burgviertel Castello kommt man so gut voran.

Das sardische Nationalemblem

Special

Im Zeichen der Quattro Mori

Mal blicken die vier Mohren nach links und tragen eine Augenbinde, mal blicken sie nach rechts und tragen ein Stirnband. Warum?

Im einen Fall handelt es sich um das sardische Wappen, im anderen um die sardische Flagge. Zum ersten Mal erschienen die vier Mohrenköpfe auf Sardinien im Mittelalter, als die Insel von Aragon (Katalonien) beherrscht wurde. Die vier nach links blickenden Mohrenköpfe symbolisierten vermutlich die vier ehemals maurischen, unter der Krone von Aragon wieder vereinten Kleinkönigreiche. Auf Sardinien übernahm man das hier für die Unterwerfung unter die spanische Feudalherrschaft stehende Emblem. Nach dem spanischen Erbfolgekrieg wurde Sardinien 1718 dem Herzog von Savoyen und Fürsten von Piemont überlassen. Das Wappen behielt man bei, nur dass die vier Mohren irgendwann statt eines Stirnbandes eine Augenbinde trugen. Möglich, dass es sich dabei nur um den Fehler eines piemontesischen Kopisten handelte; aber vielleicht wollte man so auch die „blinde" Unterwerfung der Sarden unter die piemontesische Herrschaft heraldisch festschreiben. Dagegen sind die vier nach rechts gewandten Mohrenköpfe mit Stirnband der sardischen Flagge ein Symbol der Aufklärung, Befreiung und Emanzipation.

Das (alte) Wappen an der Costa del Sud.

ganze Jahr über der Bär, besonders am Wochenende. Zu den Einheimischen mischen sich die vielen Touristen aus den Hotels und Resorts, die sich entlang der Küste in schattigen Pinienwäldchen verstecken. Sie kommen, um das berühmte Nora zu besuchen: Vor dem Eingang in die antike Stadt steht, von den meisten unbeachtet, ein schlichtes Kirchlein. Der unscheinbare sandfarbige Sakralbau ist die wichtigste Pilgerkirche der Insel. Errichtet wurde die Chiesa Sant'Efisio an jener Stelle, an der Kaiser Diokletian im Jahr 303 den auf Sardinien zum christlichen Glauben bekehrten Römergeneral Efisius martern und hinrichten ließ. Ihm zu Ehren findet dort Anfang Mai die farbenprächtige Sagra di Sant'Efisio statt, Sardiniens größte und bedeutendste Prozession. Der Märtyrer ist aber nicht der höchste Schutzheilige der Insel – dieser Rang gebührt der im Jahr 1907 von Papst Pius X. als solche eingesetzten Madonna di Bonaria. Ihr zu Ehren wurde im Osten der Stadt über den Grundmauern einer aragonesischen Festung die Basilica di Nostra Signora di Bonaria errichtet.

Ligurische Bräuche, arabisches Couscous

Die Fahrt mit der Fähre von Portovesme hinüber auf die Isola di San Pietro dauert kaum eine halbe Stunde. Aber wenn

Ganz oben: Mit ihren sanft ins kristallklare Meer abfallenden Traumstränden ist die Costa del Sud (hier bei Chia) ein noch weitgehend naturbelassenes Landschaftsparadies. Oben und rechts: Die Cagliari vorgelagerte Insel Sant'Antioco wurde erst im 18. Jahrhundert von ligurischen Fischern besiedelt.

Mußestunden auf der Piazza Repubblica in Carloforte, dem einzigen bewohnten Ort auf der Isola di San Pietro.

Im Hafen wiegen sich farbenfrohe Fischerboote in der leichten Dünung, aus den Küchen dringen exotische Gerüche.

man in Carloforte an Land geht, fühlt man sich wie in einem anderen Land. Bunt stapeln sich kubische Häuser den Hang hinauf übereinander, im Hafen wiegen sich Fischerboote in der leichten Dünung, aus den Küchen dringen exotische Gerüche. Auf der Insel San Pietro und der benachbarten Insel Sant'Antioco ist es anders als auf dem sardischen „Festland". Ligurische Fischer waren es, die einst auf die afrikanische Insel Tabarka auswanderten und von dort, der ständigen Piratenüberfälle überdrüssig, im Jahr 1738 auf die damals noch praktisch unbewohnten Inseln umsiedelten. Nach Tabarka hatten sie ihre traditionellen ligurischen Sitten und Bräuche mitgenommen, von Tabarka brachten sie arabische Einflüsse in Küche und Architektur mit auf die Sardinien vorgelagerten Inseln. Dort herrscht heute das Leichte und Lebensfrohe vor, anders als auf der melancholischer gestimmten Mutterinsel. Besonders schön zu sehen, schmecken und erleben ist das insulare Dolce Vita bei Festen und Feiern, wenn statt der klagenden Hirtenflöte „Launedda" zum gravitätisch schwermütigen Ballu Tundu fröhliche Kapellen zum heiteren Tanz aufspielen.

Blutiges Gemetzel

Heute reisen die Menschen von Cagliari und ganz Sardinien nach Carloforte, um in den Restaurants die Inselspezialität Thunfisch zu essen. Für Nachschub auf dem Teller sorgen die großen Thunfischschwärme, die durch den Kanal zwischen Sardinien und San Pietro ziehen. Traditionelle Fangmethode ist die berühmt-berüchtigte Mattanza, was wörtlich „Abschlachten" bedeutet und das blutige Spektakel treffend bezeichnet. Ob das Gemetzel nun ein schützenswertes Kulturgut ist oder ein vorzivilisatorisch anmutendes Ritual, liegt im Auge des Betrachters.

Aktuell bedrohen die Japaner die Bestände. Denn die fernöstlichen Aufkäufer zahlen für den sardischen Thunfisch wegen seiner exzellenten Sushi-Qualität Preise, bei denen die Einheimischen nicht mehr mithalten können.

Majestätische Größe, Herbheit, Ruhe

Auf dem Weg zurück von der Isola di San Pietro schweift der Blick über die Reling der Fähre hinweg in die Ferne auf die wilden, meerumspülten Felsenkliffe am weiten Horizont. Dabei durchströmt einen unweigerlich ein Gefühl, das der Schweizer Schriftsteller René Gardi einmal so zum Ausdruck gebracht hat: „Sardinien ist ein Land von majestätischer Größe, Herbheit und Ruhe, in welchem ein jeder den Weg zu sich selber findet – wenn er will".

UNSERE FAVORITEN

Die urigsten Agriturismi

Essen, trinken, schlafen: zu Gast bei Sarden

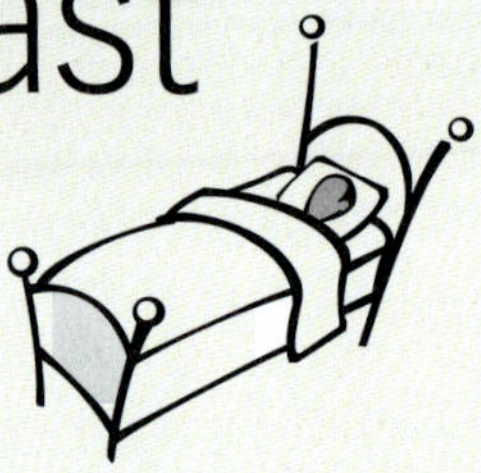

Köstliche Gerichte nach alten Familienrezepten und aus frischen Zutaten der Saison genießen, umgeben von Gärten und Obstbäumen, vor einer romantischen Felsenkulisse, am See oder in der wilden Bergwelt im Herzen der Insel – diese Agriturismi machen glücklich!

1 Slow Food in der Barbagia

Bilderbuchschön liegt der Agriturismo Is Roccas hoch über Nuoro am Hang des Monte Ortobene. Eingebettet in eine wildromantische Felsenkulisse tafelt man zwischen moosüberwachsenden Granitfelsen und unter mächtigen alten Eichen. Auf den Tisch kommt beste Barbagiaküche aus frischen Zutaten der Saison, in der sich bewährte Tradition mit neuer Interpretation gelungen verbindet. Umweht vom Zirpen der Zikaden, den Gerüchen der Natur und den Aromen der Speisen wird der Gast unter dem funkelnden Sternenzelt in eine wunderbare Welt der Genüsse entführt, die Slow Food mit einem Extralob auszeichnete. Mit Campingmöglichkeit.

Agriturismo Is Roccas, Nuoro, Loc. Monte Ortobene, Tel. 349 5 78 16 23, www.roccas.eu

2 Der sardischen Seele so nah

Seit vier Generationen schon bewirtschaftet die Familie ihr abgelegenes, 850 ha (!) großes Gehöft auf dem Hochplateau „Sa Serra". Umgeben von Gärten, Obstbäumen, Rindern, Ziegen, Pferden und Schweinen und zwei kleinen Seen mit Forellenzucht kommt man in der liebevoll restaurierten Hofanlage der archaischen Welt der Hirten näher als anderswo. Die Feste und Festmahle auf Testone sind legendär. Ob Milch, Käse, Wein, Honig, Fleisch, Schinken bis zum Dolci – praktisch alles ist aus eigener Herstellung. Idyllische Wege laden zum kleinen Verdauungsspaziergang ein, acht rustikal eingerichtete Zimmer zum Übernachten.

Agriturismo Testone, Nuoro, Loc. Testone, an der SS 389 zwischen Nuoro und Bitti, Tel. 0784 23 05 39, www.agriturismotestone.com

3 Schlemmen mit Seeblick

Ein Ort für Romantiker, ein Hort sardischer Gastfreundschaft. Wunderschön und einsam über dem von den weißen Karstgipfeln des Supramonte-Massivs überragten Cedrino-Stausee gelegen, laden Nanni und Lina zum Mahl. Fast alles, was auf den Tisch kommt, ist aus hauseigener biologischer Herstellung. Der Kerzenschein lässt den Cannonau – natürlich ebenfalls aus eigener Herstellung – rubinrot schimmern, der Mond taucht den Cedrino-Stausee in silbernes Licht. Die Nacht erfüllt ein vielstimmes Zirpen, die Luft ist schwer vom Duft der Macchia. Am See lässt es sich entspannt spazieren, auf dem See mit einem hauseigenen Kajak kreuzen und in einem der schlicht eingerichteten Zimmer herrlich schlafen und ruhen.

Agriturismo Canales, Dorgali, Loc. Canales, Tel. 0784 9 67 60, www.canales.it

4 Eine Welt der wilden Genüsse

Man muß bis tief ins Herz der Insel und in die abgelegene Bergwelt des Gennargentu vordringen, um die Welt der wilden Genüsse des Agriturismo Aradoni kennen zu lernen. Aufgetischt wird im Schein des Feuers des großen offenen Kamins in einer riesigen runden „Pinedda", wie die traditionelle spitzhütige Schutzhütte der Hirten genannt wird. Stilecht sind auch die sechs kleinen Rundhütten, in denen man nach dem üppigen Mahl sein Haupt betten kann.

Agriturismo Aradoni, Belvi, SS295, Loc. Aradoni, an der SS 295 zwischen Belvi und Aritzo, Tel. 0784 62 97 86, www.aradoni.it

5 Der Beste der besten?

In der Region um den erloschenen Vulkan Montiferru werden Tradition und Brauchtum noch ganz authentisch gepflegt. Hier wird Sardiniens bestes Olivenöl gepresst, an den Hängen weidet das „Bue Rosso", eine seltene Rinderart mit allerbestem Fleisch. Das und viele andere Gerichte aus der abwechslungsreichen Montiferru-Küche bietet der in die stille Natur eingebettete Agriturismo, der oft als bester der Insel bezeichnet wird. Wer hier einmal einen Abend geschwelgt hat, der wird es bestimmt nicht mehr vergessen.

Agriturismo Montiferru, Scano di Montiferro, Loc. Su Sueredu, Tel. 328 1 92 43 48

6 Den Gürtel weiter schnallen

Bei Padrone Panzali erwartet Sie ein wahres Füllhorn an Köstlichkeiten in einem mit viel Geschmack und Liebe zum Detail arrangierte Ambiente. Es empfiehlt sich, vorher nichts zu essen, denn schon die Vielfalt der Vorspeisen zeigt an, dass das kredenzte Menü mehr als üppig ausfällt. Vergleichsweise preiswert ist die Einkehr bei Padrone Panzali zudem (und eine Tischreservierung unbedingt zu empfehlen). Übernachten kann man hier nicht, aber in einem kleinen Laden etwas kaufen.

La Fattoria di Agostino Panzali, Riola Sardo, an der SS 292 bei km 115,7, Tel. 348 21 00 10

7 Traditionelles bei Mariangela

Hier tafeln die Einheimischen ebenso wie die Costa-Schickeria. Umgeben von uralten Olivenbäumen und Tafoni-Felsen zaubert Mutter Mariangela nach alten Familienrezepten unverfälschte galluresische Küche auf den Tisch. Man lernt „La Mazza Frissa" nach Art des Hauses kennen oder „Li Chiusoni", eine hausgemachte Pastaspezialität. Und die traditionelle „Zuppa Gallurese" in ihrer köstlichsten Form.

Agriturismo La Kustera, Sant'Antonio di Gallura, Loc. La Crucitta, an der SP 100 von Arzachena nach Sant'Antonio di Gallura, Tel. 339 5 79 21 03, www.agriturismolakustera.com

8 Exzellente Bioküche

Einen wunderbaren Blick auf das Bergdorf und die hinter ihm aufragenden Bergzinnen bietet der Agriturismo „Il Muto di Gallura". Der malerische alte Stazzu ist für seine ausgezeichnete Küche weit bekannt. Fast alles stammt aus eigener Bio-Produktion. Der Agriturismo bietet auch Zimmer, Ausfahrten mit dem Ochsenkarren und Ausritte. Besonders schön ist ein Mondscheinritt durch das nahe, von gigantischen Felsblöcken übersäte Valle della Luna.

Il Muto di Gallura, Loc. Fragia, an der SP 27, ca. 1 km vor Aggius, Tel. 079 62 05 59, www.mutodigallura.com

Maßstab 1:360.000
0
6km
Golfo degli Angeli
Golfo di Cagliari
Golfo di Quartu
Golfo di Carbonara
Isola di Sant'Antioco
Isola di San Pietro
Isola dei Cavoli
Isola Serpentara
CAGLIARI
QUARTU S.ELENA
SELARGIUS
ASSEMINI
IGLESIAS
CARBONIA
Villasimius
Pula
TEULADA
Sant'Antioco
Calasetta
Carloforte
Portoscuso
Dolianova
Villacidro
Muravera
Villaputzu
Santa Margherita
Decimomannu
Capoterra
Sarroch
Sinnai
Monserrato
Poetto
Capo Carbonara
Capo Malfatano
Arbatax
Civitavecchia
Napoli
Palermo
Trapani

Eine spannende Mischung

Sardiniens Süden lockt mit einer mediterran pulsierenden Urbanität und unberührter Natur. Sein Tor zur Welt ist die Hauptstadt Cagliari, seine touristischen Aushängeschilder sind die zahlreichen Strände an der Costa Rei oder der Costa del Sud.

1 Villasimius

Die einstige kleine Fischerdiedlung (3600 Ew.) ist ein von den Hauptstädtern viel besuchter lebendiger Ferienort.

SEHENSWERT

Hauptattraktion sind zahlreiche herrliche Badestrände wie die umwerfend schöne **Spiaggia di Porto Giunco**. Das ganze Meer um das vorspringende **Capo Carbonara** ist dank seiner vielfältigen Flora und Fauna Meeresschutzgebiet. Der Ort hat eine sehr gute touristische Infrastruktur.

MUSEUM

Einen Besuch lohnt das interessante **Museo Archeologico** (Via A. Frau 5, Tel. 070 793 02 90, 15. Juni–15.Sept. Di.–So. 10.00–13.00 u. 21.00 bis 24.00, 16. Sept.–14. Juni Fr.–So. 10.00–13.00 u. 17.00–19.00 Uhr).

UNTERKUNFT

€€ Hotel Mariposas, Via Mar Nero 1, Tel. 070 79 00 84, www.hotelmariposas.it. Charmante kleine, von der (gast)freundlichen Familie Massa geführte Anlage mit 23 im sardischen Stil möblierten Zi. in idealer Lage zwischen dem Strand und dem Ort.

UMGEBUNG

Nördlich von Villasimius liegt die berühmte **Costa Rei** mit ihrem 10 km langen Superstrand. Ihr südlicher Teil ist in der Saison sehr touristisch, ihr nördlicher am **Capo Ferrato** eher ruhig. Hinter Villasimius erhebt sich das praktisch menschenleere **Sarrabus-Gebirge**. Um die Gipfel der „Sieben Brüder" lädt der **Parco Monte Sette Fratelli** mit seinen markierten Wegen, idyllischen Picknickplätzen und dem **Botanischen Garten Maidopis** (Mai–Sept. 7.00–18.00, Okt.–April 7.00–15.00 Uhr) zum Wandern ein. Auskünfte erhält man beim Besucherzentrum in der Fortverwaltung am Park-Eingang, in der auch das **Museo Cervo Sardo** (Juni–Sept. tgl. 10.30–12.00 u. 13.00–18.00, Okt.–Mai Mo.–Fr. 9.00–12.00 Uhr) seinen Sitz hat. Geführte Exkursionen im gesamten Sarrabus-Gebirge bietet die Coop Monte Sette Fratelli in Castiadas (Via Centrale, www.montesette fratelli.com).

INFORMATION

Tourist-Information,
Piazza Giovanni XXIII, Tel. 070 793 02 71,
www.villasimiusweb.com

Tipp

Gut unterwegs

Der zentrale **Busbahnhof**, von dem aus Busse in alle Winkel Sardiniens und Expressbusse zu allen großen Städten verkehren, liegt vor dem Hauptbahnhof am Westende der Via Roma. Vom Hauptbahnhof fahren Züge zum ca. 10 km außerhalb gelegenen Flughafen Elmas (www.cagliariairport.it). Vom **Fährhafen** (Via Roma, www.porto.cagliari.it) verkehren Fähren nach Arbatax, Civitavecchia, Neapel, Palermo und Trapani. Den **Bahnhof der Schmalspurbahn** im Stadtteil Monserrato, von dem die Strecke bis Mandas bedient wird, erreicht man von der Piazza Repubblica mit der neuen **Straßenbahn Metropolitana.** E-Bikes kann man sich in der Via Carboni 13 bei www.easycletta.it leihen.

2 Cagliari

Cagliari (154 000 Ew.) wurde im 8. Jh. v. Chr. von den Phöniziern als „Karali" gegründet. Ihnen folgten die Punier und Römer, die den geschützten Hafen zu einem wichtigen Handelszentrum ausbauten. 1258 kam der Ort unter pisanische Herrschaft, 1324 unter spanische. 1720 fiel Sardinien an das Königreich Savoyen-Piemont, das Cagliari zu seiner Residenzstadt erhob. Im Zweiten Weltkrieg wurde die Stadt wegen ihres kriegswichtigen Hafens mehrfach bombardiert. Seit 1949 ist Cagliari der Regierungssitz der Autonomen Region Sardinien. Als Hauptstadt, Regierungs- und Verwaltungs- sowie Wirtschaftszentrum bietet die Stadt eine breite und vielfältige Kunst- und Kulturszene.

SEHENSWERT/MUSEEN

Fast alle Sehenswürdigkeiten und Museen liegen in der Altstadt und können problemlos zu Fuß besichtigt werden. Einen vollständigen Überblick bietet die Seite www.cagliariturismo.it/it/luoghi. Historisches Zentrum ist das von einer Stadtmauer und Wehrtürmen umschlossene **Castello-Viertel**. Die mittelalterlichen Wehrtürme **Torre di Pancrazio** und **Torre dell' Elefante** können bestiegen werden (Mai bis Sept. tgl. 10.00–19.00, Okt.–April tgl. 9.00–17.00 Uhr). Die architektonischen Insignien der kirchlichen und weltlichen Mächte manifestieren sich an der **Piazza Palazzo** in Form des im 12. und 13. Jh. errichteten **Duomo Santa Maria** mit Dommuseum (Mo.–Fr. 16.30–19.30, Sa./So. 10.00 bis 13.00 u. 16.30–19.30 Uhr), des **Palazzo Regio** und des **Palazzo di Città** (das alte Rathaus). Prunkstück im Inneren des Doms ist die vom Künstler Guglielmo 1159 bis 1162 gestaltete Marmorkanzel, ein von vier Löwen flankiertes Geschenk der Pisaner an Cagliari. Kultureller wie geografischer Höhepunkt der Stadt ist die in der alten Zitadelle über der **Piazza Arsenale** untergebrachte **Cittadella** TOPZIEL mit ihren vier Museen. Herausragend: das **Museo Archeologico Nazionale** (Di.–So. 9.00 bis 20.00 Uhr) und die **Pinacoteca Nazionale** (Di.–So. 9.00–19.15 Uhr). Direkt in den Fels des Castelloviertels gemeißelt wurde das **römische Amphitheater** (Viale Sant'Ignazio, www.anfi teatroromano.it, derzeit wg. Restaurierung geschl.). Das römische Felsengrab **Grotta della Vipera** ist die im Stadtteil Stampace gelegene Ruhestätte von Atilia Pomptilla, der Frau eines adeligen Römers (Viale S. Avendrace 87, Okt.–April tgl. 9.00–17.00, Mai–Sept. 10.00–14.00 u. 15.00–19.00 Uhr). Hier findet man auch die **Villa di Tigellio**, die Ruinen einer römischen Adelsvilla (Via Carbonazzi, Okt.–April tgl. 9.00 bis 17.00, Mai–Sept. 10.00–14.00 u. 15.00 bis 19.00 Uhr). Die bedeutendste der über 50 Kirchen der Stadt ist die **Basilica di Nostra Signora di Bonaria** (Piazza Bonaria 2, www.

Fast alle Sehenswürdigkeiten in Cagliari können problemlos zu Fuß besichtigt werden.

bonaria.eu) mit ihrer monumentalen Freitreppe. Der 1704 im barocken Still errichtete Sakralbau birgt die Statue der Inselheiligen und Schutzpatronin der Seefahrer, Nostra Signora di Bonaria, und bildet zusammen mit der alten Wallfahrtskirche Santuario di Bonaria sowie dem Klosterkomplex der Mercedarier das größte Wallfahrtszentrum Sardiniens. Die im 5. Jh. begonnene römisch-byzantinische **Basilica San Saturno** an der Piazza San Cosimo im Stadtteil Villanova zählt zu den bedeutendsten frühchristlichen Bauten im Mittelmeerraum.

SHOPPING

Cagliari TOPZIEL ist Sardiniens Einkaufszentrum schlechthin. Fündig wird man u. a. in der Einkaufsmeile **Largo Carlo Felice**, im Konsumtempel **La Rinascente** an der Via Roma (Café mit herrlichem Ausblick in der obersten Etage), im **Marinaviertel** (Gold- und Silberschmieden) und im **Castelloviertel** (Design).

RESTAURANT

€ **Ammentos**, Via Sassari 120, Tel. 070 65 10 75. Gute sardische Küche zu fairen Preisen.
€/€€ **Trattoria Da Lillicu**, Via Sardegna 78, Tel. 070 65 29 70. Traditionsreiche Trattoria in der „Fressgasse" der Altstadt.

UNTERKUNFT

€€/€€€ **Miramare Boutique Hotel**, Via Roma 59, Tel. 070 66 40 21, www.hotelmiramarecagliari.it. Zauberhafte Herberge im hist. Palazzo Devoto, 18 stilvoll-individuell ausgestattete Zi.
€€ **Hotel Due Colonne**, Via Sardegna 4, Tel. 070 65 87 10, www.hotel2colonne.it. Freundliches Mittelklassehotel im hist. Palazzo.

FEST

Sagra di Sant'Efisio, Sardiniens wichtigste, größte und farbenprächtigste Prozession, bei der am 1. Mai die Statue des Heiligen durch die Altstadt und weiter bis ins 15 km entfernte Kirchlein Sant'Efisio in Nora bei Pula getragen wird, wo Ephyisius der Legende nach im Jahr 345 sein Martyrium erlitt. Am Morgen des 4. Mai treten die Wallfahrer die Rückreise nach Cagliari an, die bei Anbruch der Dämmerung an der Chiesa di Sant'Efisio endet.

INFORMATION

Tourist-Information, in der Stazione Marittima im Hafen und an der Piazza Costituzione, Tel. 070 677 71 87, www.cagliarituris mo.it

Tipp

Königsgräber

Nahe der Stadt Villaperuccio liegt in stiller Natur eine der beeindruckendsten steinzeitlichen Felsengrabanlagen Sardiniens. Auf dem Gelände der **Nekropole Montessu** kann man stundenlang spazieren. Besonders spektakulär sind die beiden großen Königsgräber „Tomba Sa Cresiedda" und „Tomba Sa Grutta de Is Porcus".

WEITERE INFORMATIONEN
Montessu, Tel. 0781 6 40 40, www.montessu.com, Mai–Sept. tgl. 9.00–17.00, Okt.–April tgl. 9.00 bis 13.00 u. 14.00–17.00 Uhr

Relaxen an der Costa del Sud: Die Traumstrände von Chia (hier: an der Spiaggia Sa Colonia) mit ihrem feinen hellen Sand sind ideal für heiße Tage am türkis glitzernden Meer.

❸ Pula

Pula (7300 Ew.) ist ein beliebtes Ausflugsziel der Cagliaritaner, die sich in den Cafés und Bars an der zentralen **Piazza del Popolo** mit den Touristen mischen.

MUSEUM

Das **Museo Archeologico** (Corso Vittorio Emanuele 67, derzeit wg. Restaurierung geschl.) zeigt einen Teil der Bodenfunde aus dem antiken **Nora**: Um das Jahr 1000 v. Chr. von den Phöniziern auf einer südl. von Pula weit ins Meer vorspringenden Landzunge angelegt, wurde die wohl älteste Stadt Sardiniens ab 238 v. Chr. von den Römern zu einer ihrer wichtigsten Handels- und Hafenstädte ausgebaut. Auf dem weitläufigen Ruinengelände (Besichtigung tgl. 9.00 Uhr bis Einbruch der Dämmerung) erstreckt sich die in ihrem Grundriss noch komplett erhaltene Anlage.

UNTERKUNFT

€€€ **Aquadulci Hotel**, Loc. Spartivento, Tel. 070 9 23 05 55, www.aquadulci.com. Bildschönes Luxushotel in zauberhafter Alleinlage mit traumhaften Blick auf den Superstrand Spiaggia Su Giudeu und den Lagunensee.

UMGEBUNG

Einige Kilometer westlich von Pula beginnt die kleine, noch weitgehend unverbaute **Costa del Sud** TOPZIEL mit ihren herrlichen Badestränden. Ihr Herz bilden die Traumstrände von Chia mit ihren ausgedehnten Dünen und Lagunenseen. Das unspektakuläre Städtchen **Teulada** (3708 Ew.) ist das Einkaufszentrum der Costa del Sud, seine einzige Sehenswürdigkeit die an der Straße nach Santadi inmitten der stillen Natur gelegene **Grotta IS Zuddas** (an der SS 195, www.grotteiszuddas.it, Juli–Sept. 10.00–12.15 u. 14.30–18.00, März/ Okt./Dez./ Jan. 12.00–16.00, April–Juni 11.00 bis 12.15 u. 15.00–17.30 Uhr). Bei der Grotte lädt eine Trat-

Tipp

Muschelseide

Im **Museo del Bisso** in Calasetta auf der Isola Sant'Antioco webt die letzte „Maestra del Bisso", die Muschelseiden-Spinnerin Chiara Vigo, aus den Fäden der Edlen oder Großen Steckmuschel (Pinna nobilis), mit denen sie sich am Boden verankert, kostbarste Kunstwerke. Für ein Kilo Seide werden bis zu 4000 Muscheln benötigt.

WEITERE INFORMATIONEN
Museo del Bisso, Calasetta, Viale Regina Margherita 111, tgl. 10.30–12.30 u. 16.30–20.00 Uhr, Eintritt frei, Spende willkommen

toria mit guter und preiswerter Küche zum Verweilen ein. Besonders für Weinliebhaber lohnt sich der Abstecher nach **Santadi** (Cantina di Santadi, Via Cagliari 78, www.cantinasantadi.it). Von dort führt eine Straße hinauf in das herrliche Wandergebiet **Bosco di San Pantaleo**.

INFORMATION
Piazza del Popolo, im Centro Culturale „Casa Frau“, Tel. 070 92 44 01, www.visitpula.info

4 Isola di Sant'Antioco

Die 115 km² große Insel (13 000 Ew.) ist über einen Straßendamm mit Sardinien verbunden.

SEHENSWERT/MUSEEN
Im Hauptort **Sant'Antioco** (11 500 Ew.) finden sich mehrere antike Stätten. In der **Zona Archeologica** liegen die **Necropoli Punica** mit 50 Felsengräbern und das **Tophet**, eine phönizische Brandopferstätte (tgl. 9.00–19.00 Uhr). Die hier ausgegrabenen Bodenfunde stellt das **Museo Archeologico** (tgl. 9.00 bis 19.00 Uhr) aus. In einem alten Speicher aus dem 18. Jh. ist das **Museo Etnografico** (Via Necropoli, April bis Sept. 9.00–20.00, Okt.–März 9.30–13.00 u. 15.00–18.00 Uhr) untergebracht. Info und Führungen zu den genannten Adressen bietet die Coop Archeotur (www.archeotur.it). Der bedeutendste Sakalbau ist die um 1100 errichtete **Basilika Sant'Antioco**, in deren in den Fels getriebenen Katakomben die Gebeine des Märtyrers Antiochos ruhen sollen (Mo.–Sa. 9.00 bis 12.00 u. 15.00–18.00, So. 9.00–10.00, 11.00 bis 11.30 u. 15.00–18.00 Uhr).

UNTERKUNFT
€/€€ **Hotel La Matta**, Via Nazionale 125, Tel. 0781 82 81 02. Kleines, familiär geführtes Charme-Hotel.

5 Isola di San Pietro

Hauptort der nur 54 km² großen, für ihre Thunfischspezialitäten berühmten Insel ist **Carloforte** (6200 Ew.). Von dort verkehren ganzj. Fähren (www.saremar.it, www.delcomar.it) nach Portovesme (Sardinien) und Calasetta (Insel Sant'Antioco). Eine Stichstraße führt von der Stadt zum **Capo Sandalo** und der wilden aus vulkanischem Gestein bestehenden Steilküste.

RESTAURANT/UNTERKUNFT
€/€€ **Osteria della Tonnara**, Corso Battellieri 36, Tel. 0781 85 57 34, www.ristorantedaandrea.it. Beste Thunfischküche zu zivilen Preisen mit Blick auf Wasser und Flamingos.
€€/€€€ **Hotel Villa Pimpina**, Via Genova 106, Tel. 0781 85 41 80, www.villapimpina.it. Kleines, charmantes Hotel in der Altstadt mit nur zehn sehr geschmackvoll und individuell im sardischen Stil gestalteten Zimmern.

INFORMATION
Tourist-Information an der Hafenpromenade, Tel. 0781 85 40 09, www.carloforte.it

Genießen Erleben Erfahren

DuMont Aktiv

Feiern mit den Sarden

Der Tieflandstreifen (Campidano) zwischen den Golfen von Cagliari und Oristano war seit jeher die Kornkammer Sardiniens. Entsprechend opulent fallen hier die Feste der wohlhabenden Bauern aus.

Banchetto e Spettacolo Tradizionale, wie sie früher im Campidano gefeiert wurden, kann man im Dorf Marcaalagonis nahe Cagliari miterleben. Dort veranstaltet Prof. Vincenzo Atzeri in der Kulisse eines typischen Campidano-Gehöfts dieses unvergessliche Spektakel. Am Eingang geht man über duftende Myrtenzweige und wird von schönen Mädchen und Männern in prachtvoller Campidano-Tracht begrüßt. An langen Tafeln im Innenhof werden die Köstlichkeiten der Campidano-Küche weniger serviert als zelebriert – bis sich die Tische biegen. Zwischen den zahlreichen Gängen führen Trachtengruppen zum Klang der Hirtenflöte traditionelle Tänze auf und singen Chöre alte Lieder. In den Werkstätten und Scheunen, die den lauschigen Innenhof umschließen, führen Frauen vor, wie man von Hand Pasta macht, aus Teig filigrane Figürchen formt, Körbe flicht oder aus Schilfrohr eine Launedda herstellt, eine Hirtenflöte. Es ist ein unvergessliches Fest für alle Sinne.

Bis tief in die Nacht wird getafelt, getanzt und gefeiert. Am Ende dieses rauschenden Festes wird jeder Gast von Professore Atzeri persönlich verabschiedet. Nicht erschrecken: Sein Händedruck ist sehr fest. Ob der Schwung, den er bei der Verabschiedung jedem Gast in Richtung Ausgang verleiht, auch zur Tradition gehört, bleibt ungeklärt.

Weitere Informationen

Das spektakuläre Fest findet jeden Donnerstag statt und kostet ca. 60 Euro pro Person. Teilnahme nur auf Anmeldung: Vincenzo Atzori, Maracalagonis, Via Cagliari 5, Tel. 070 78 90 54, www.safesta.it

Ob mit der Fähre zur Isola di San Pietro (rechts) oder mit der Jacht vor Porto Cervo an der Costa Smeralda (oben) – immer gilt der Satz von Goethe: „Man reist ja nicht um anzukommen, sondern um zu reisen."

Service

Praktische Informationen für die Reise und einiges Wissenswerte über Sardinien haben wir hier für Sie zusammengetragen.

Anreise

Mit dem Auto: Die wichtigsten Anreiserouten führen über den Brenner (Österreich) und durch den Gotthard-Tunnel (Schweiz). Beide Routen sind mautpflichtig. In Österreich und der Schweiz muss für die Benutzung von Autobahnen und Nationalstraßen eine Vignette erworben werden. In Italien sind Autobahnen mautpflichtig. Die Maut wird an Zahlstellen entrichtet. Die wichtigsten Fährhäfen auf dem Festland sind Genua, Livorno und Civitavecchia, auf Sardinien Olbia, Cagliari und Porto Torres.
Mit dem Flugzeug: Internationale Flughäfen gibt es in Olbia, Cagliari und Alghero. Mit dem Aufkommen von Low-Budget-Airlines haben sich die Flugverbindungen nach Sardinien sehr verbessert. Es gibt diverse Direktverbindungen. RyanAir (www.ryanair.com) fliegt von Düsseldorf und Frankfurt/Hahn nach Cagliari, Easyjet (www.easyjet.com) von Berlin und Basel nach Olbia und Cagliari. Air Berlin (www.airberlin.com) verbindet Olbia und Cagliari mit Flughäfen in Deutschland, Österreich und der Schweiz.
Fähren: Die marktbeherrschenden Fährgesellschaften sind Moby Lines (www.mobylines.de), Corsica/Sardinia Ferries (www.corsica-ferries.de), Grandi Navi Veloci (www.gnv.it/de), Grimaldi Lines (www.grimaldi-ferries.com). Autofähren (Cruise-Ferries) verkehren am Tag oder über die Nacht. Neben den Cruise-Ferries gibt es auch Express-Verbindungen (Fast Cruise Ferries), die nur halb so lange benötigen.

Auskunft

In Deutschland
ENIT (Italienische Zentrale für Tourismus), Barckhausstraße 10, 60325 Frankfurt am Main, Tel. 069 23 74 34, www.enit.de

In Österreich
ENIT, Mariahilferstraße 1b/XVI, A-1060 Wien, Tel. +43 (0)15 05 16 39, www.enit.at

Sardinien
Assessorato del Turismo, Viale Trieste 105, 09123 Cagliari, Tel. +43 07 06 06 70 05, www.sardegnaturismo.it

Internet
www.turismosardegna.it Offizielle Seite der Region Sardinien.
www.sardinienforum.de Größte deutschsprachige Internetplattform zum Thema Sardinien. Sehr vielfältige Informations- und Diskussionsseite, in der man Fragen stellen kann und fundierte Antworten von Kennern der Insel erhält.
www.sardinien.com Sehr gut und übersichtlich gegliederte, stets aktuelle Informationsseite zu zahlreichen Themen.
www.pecora-nera.eu Das „Schwarze Schaf" ist ein sehr interessantes, auch amüsantes Onlinemagazin der auf Sardinien lebenden Deutschen Nicole Raukamp.
www.sardegnadigitallibray.it Ein großartiges, enorm umfangreiches digitales Archiv zu Sardinien. Leider nur auf Italienisch.

Autofahren

Versicherungskarte: Das Mitführen der Grünen Versicherungskarte ist keine Pflicht, wird jedoch angeraten, da sie im Schadensfall die Abwicklung erheblich erleichtert.
Abweichende Verkehrsregeln: Auf den Autobahnen beträgt die Höchstgeschwindigkeit 130 km/h, auf Landstraßen 90 km/h. Achtung: Die vierspurige SS 131 ist keine Autobahn, sondern eine Strada Statale (SS) mit Tempo 90. Außerhalb von Ortschaften muss auch am Tag mit Licht gefahren werden. Die Promillegrenze beträgt 0,5. Wenden oder Rückwärtsfahren an Mautstellen ist verboten und wird mit hohem Bußgeld oder Fahrverbot geahndet. Schwarzgelbe Markierungen bedeuten Parkverbot, gelbe erlauben nur das Parken für Taxi und Bus, blaue sind gebührenpflichtig, weiße gestatten freies Parken. Alle überstehenden Ladungen wie z. B. Fahrräder am Heck müssen mit einer Warntafel versehen werden.
Bußgelder sind in Italien sehr hoch. So kostet Telefonieren am Steuer ab 160 €, das Überfahren einer roten Ampel ab 170 €, Alkohol am Steuer ab 530 €. Nach Ablauf der Zahlungsfrist (60 Tage) verdoppelt sich die Summe. Ital. Bußgeldbescheide werden auch in Deutschland von einer Inkasso-Agentur vollstreckt. Es ist ratsam, Bußgeldbescheide sofort zu bezahlen. Den **Straßenhilfsdienst** (Soccorso Stradale) erreicht man unter Tel. 116. **Pannenhilfe** und **Abschleppdienst** leistet der Ital. Autoclub ACI unter Tel. 80 31 16, mobil 800 11 68 00. Im Fall eines Unfalls mit Sachschaden sollte unbedingt die Polizei (Tel.112) gerufen werden, im Falle von Personenschäden sofort die **Unfallrettung** (Tel. 118).

Bahn und Bus

Das **Reisen mit der Bahn** ist zeitraubend und nur sehr eingeschränkt möglich. Die ital. Staatsbahn FdS (www.trenitalia.com) unterhält auf Sardinien nur die Strecke Olbia–Cagliari (Fahrzeit etwa 3,5–4 Std.) mit je einem Abzweig nach Porto Torres und nach Carbonia. Fahrplanmäßige Verbindungen mit der Schmalspurbahn gibt es nur noch von Cagliari nach Mandas und von Sassari nach Sorso und Alghero (www.arst.sardegna.it).
Reisen mit dem Bus ist günstig. Praktisch jeder Ort auf Sardinien kann mit den blauen Bus-

Tradition und Brauchtum werden auch auf der jährlich vom 1. bis zum 4. Mai stattfindenden Sagra di Sant'Efisio in Cagliari gepflegt.

sen der staatl. ARST (www.arst.sardegna.it) erreicht werden. Neben den ARST-Bussen gibt es private Buslinien wie Turmo-Travel (www.gruppoturmotravel.com) oder Logudoro Tours (www.logudorotours.it), die meist als Expressbusse zwischen den großen Städten und zu den Flughäfen verkehren. In der Saison verkehren von allen größeren Badeorten spezielle Touristenbusse zu den Stränden und Ausflugszielen in der Umgebung. Zwischen dem 1. Juni und dem 30. Sept. bietet ARST ein spezielles Touristenticket an. Es gilt im ganzen ARST-Netz ohne km-Begrenzung. Erhältlich sind 7-, 14-, 21- oder 28-Tages-Tickets zu Preisen zwischen 45 und 130 €.

Feiertage

1. Januar Neujahr (Capodanno)
6. Januar Heilige Drei Könige (Epifania)
Ostermontag (Lunedì Santo, Pasquetta)
25. April Tag der Befreiung vom Faschismus (Liberazione)
1. Mai Tag der Arbeit (Festa di Lavoro)
15. August Mariä Himmelfahrt (Ferragosto)
1. November Allerheiligen (Ognisanti)
8. Dezember Mariä Empfängnis (Immacolata Concezione)
25./26. Dezember Weihnachten (Natale)

Geld

Offizielle Währung ist der **Euro.** Auch in kleinen Geschäften kann meist bargeldlos bezahlt werden. Geldautomaten (Bancomat) mit deutschsprachiger Menüführung gibt es in vielen Orten. Bei **Verlust** oder **Diebstahl** der **Kreditkarte** kann man diese vom Ausland aus unter der einheitlichen **Notrufnummer** +49 30 40 50 40 50 sperren.

Gesundheit

In Acht nehmen muss man sich vor periodisch und lokal auftretenden **Feuerquallen** und dem **Petermännchen,** einem giftigen Fisch, der sich in flachen Gewässern in den Sand eingräbt und dessen Stich extrem schmerzhaft ist. Er kann zu Erbrechen, Fieber und Kreislaufkollaps führen. Im Notfall die Stichstelle von Stacheln reinigen, mit möglichst heißem Wasser (mind. 45 °C) übergießen und sofort einen Arzt aufsuchen. Ein **wasserfester Sonnenschutz** gehört in jedes Reisegepäck. Mit der **Europäischen Krankenversicherungskarte (EHIC)** haben gesetzlich Versicherte im Notfall Anspruch auf kostenlose medizinische Behandlung bei einem USL-Arzt (Unità Sanitaria Locale) oder im Krankenhaus. In touristischen Zentren gibt es in der Saison eine spezielle **Guardia Medica Turistica.** Es ist empfehlenswert, eine Auslandskrankenversicherung abzuschließen, die im Notfall den Rücktransport in die Heimat einschließt.
Apotheken (Farmacia) gibt es in allen größeren Orten. Sie haben gewöhnlich von 8.30 bis 13.00 und von 16.00 bis 20.00 Uhr geöffnet. Nachts und an Feiertagen gibt es einen Apotheken-Notdienst. Wo man die nächste Not-Apotheke findet, erfährt man an den Aushängen an den Apotheken, aus der Zeitung oder bei der Tourist-Information.
Haustiere: Beim Mitnehmen von Haustieren muss der EU-Heimtierpass mitgeführt werden. Das Tier muss gegen Tollwut geimpft sein und zur Identifizierung einen implantierten Mikrochip haben. Das Mitführen von Leine und Maulkorb ist für alle Hunde Pflicht. Generell verboten (also auch angeleint und mit Maulkorb) sind Hunde in öffentlichen Gebäuden, Wäldern und an den Badestränden. Verstöße werden mit Geldstrafen von bis zu 1000 € geahndet. Auch in Hotels, auf Campingplätzen und Restaurants sind Hunde häufig unerwünscht. Da Sardinien Leishmaniose-Gebiet ist, sollten Hunde unbedingt einen entsprechenden Impfschutz haben. Auf den Fähren ist das Mitnehmen von Hunden in die Kabinen, Restaurants und andere öffentliche Räume verboten.

Literatur

D. H. Lawrence, „Das Meer und Sardinien", Diogenes Verlag Zürich. Ebenso präzise wie unterhaltsame Beschreibung der Reise, die der Schriftsteller D.H.Lawrence 1919 durch Sardinien unternahm.
Carlo Levi, „Aller Honig geht zu Ende", DuMont Schauberg 1965. Sehr interessante Beschreibung der Reisen in Wort und Bild, die der Autor 1953 und 1965 durch den Süden Sardiniens und die Barbagia unternahm.
Giuanne Masala, „Sardisch Wort für Wort", Verlag Reise Know How. Praktischer Sprachführer mit Wort-für-Wort-Übersetzung, auch in digitaler Version zum Download.

Info

Daten & Fakten

Lage und Größe: Sardinien ist mit einer Größe von 24 089 km² nach Sizilien die zweitgrößte Insel im gesamten Mittelmeer. Ihre Nord-Süd-Ausdehnung beträgt max. 270 km, ihre Ost-West-Ausdehnung max. 145 km. Sardinien liegt Afrika näher als Europa. Tunis ist nur 180 km entfernt, Rom 190 km.
Bevölkerung: Sardinien hat rund 1,6 Mio. Einwohner. Gut 400 000 davon leben im Großraum Cagliari. Mit 69,1 Ew. pro km² ist die Insel die Region Italiens mit der niedrigsten Bevölkerungsdichte. Etwa 400 000 Sarden leben auf der ganzen Welt verteilt in der Arbeitsemigration. Sardinien hat weltweit die meisten 100-jährigen Menschen.
Natur: Sardiniens gesamte Küstenlänge beträgt 1849 km. Höchster Berg ist die Punta La Marmora (1834 m), die am höchsten gelegene Gemeinde Fonni (1000 m). Der längste Fluss ist mit 150 km der Tirso. Einziger natürlicher See ist der Lago di Baratz. Auf Sardinien wachsen rund 300 endemische Pflanzen – also solche, die es nur auf dieser Insel gibt. Am Lago di Liscia im Nordosten der Insel steht einer der ältesten (etwa 4500 Jahre) Olivenbäume der Welt.
Politische Gliederung: Seit 1948 ist Sardinien eine Autonome Region der Republik Italien. Es gibt ein Regionalparlament (Consiglio Regionale), das alle vier Jahre gewählt wird. Das Regionalparlament ist gesetzgebendes Organ und wählt den Präsidenten der Region, der als Chef der Exekutive die zehn Mitglieder (Assessori) seiner Regierung benennt. Sitz der Regierung ist Cagliari. Seit Februar 2016 gliedert sich Sardinien in die Provinzen Nuoro, Oristano, Sassari und Sud Sardegna; hinzu kommt die Metropolitanstadt Cagliari.
Wirtschaft: Von den rund 650 000 Sarden im arbeitsfähigen Alter arbeiten 41 % im Dienstleistungssektor, 33 % in der Industrie und 26 % in der Landwirtschaft. Das BIP (Bruttoinlandsprodukt) pro Kopf beträgt knapp 20 000 €, die Arbeitslosenquote liegt bei 19 %. Etwa 30 000 Hirten besitzen rund 3 Mio. Tiere, vor allem Ziegen und Schafe. Sardinien produziert jährlich ca. 20 000 t Pecorino-Käse und ist Italiens größter Kork-Produzent.

Sardisches Wohlleben mit fangfrischem Sepia in Palau, Meerbarbe in Porto Faro (links oben/unten), kühlen Drinks in Oliena (rechts auf der Terrasse des Hotels Su Gologone).

Info

Geschichte

ca. 150 000 v.Chr.: Älteste Bodenfunde aus der Altsteinzeit.
ca. 3300–1800 v. Chr.: Steinzeitliche Kulturen wie Ozieri-Kultur, Arzachena- und Glockenbecherkultur.
ca. 1800–500 v. Chr.: Nuraghenkultur.
ab 1000 v. Chr.: Besiedlung der Küsten durch die Phönizier, ab 540 v. Chr. durch die Punier.
ca. 230 v. Chr.–460 n. Chr.: Das Gebiet wird römische Provinz.
470: Eroberung durch die Vandalen.
534: Beginn der byzantinischen Herrschaft.
9.–10. Jh.: Gliederung in vier unabhängige Judikate unter Führung sardischer Adeliger („Goldene Zeit").
ab 11. Jh.: Herrschaft der Seerepubliken Genua und Pisa.
1297: Papst Bonifatius VIII. überlässt Sardinien dem spanischen Königshaus Aragon als Lehen.
1404: Das Judikat Arborea verliert als letztes der vier Judikate seine Unabhängigkeit.
1713: Sardinien fällt an Österreich, dann an das Herzogshaus Savoyen. Vittorio Almedo II. von Savoyen erklärt sich zum „König von Sardinien".
1820: König Carlo Felice verfügt den „Erlass zur Einfriedung" mit verheerenden Folgen.
1861: Sardinien wird Teil des ital. Einheitsstaates unter König Vittorio Emanuele II.
1921: Gründung der Sardischen Aktionspartei Partito Sardo d'Azione (PSdA).
1922–1943: Unter Mussolini dient Sardinien als Verbannungsort für politische Gegner. Es werden Staudämme gebaut, der Bergbau wird intensiviert, man entwässert Sumpfgebiete und gründet Städte wie Carbonia und Arborea.
1943: Schwere Bombenangriffe der Alliierten auf die Hafenstädte Olbia, Alghero, Porto Torres und Cagliari.
1946: Proklamierung der Republik Italien.
1948: Sardinien wird Autonome Provinz der Republik Italien.
1959: Gründung des „Consorzio Costa Smeralda" unter Führung von Karim Aga Khan. Beginn des Tourismus auf Sardinien.
1998: Gründung des Telekommunikationsunternehmens Tiscali durch den Sarden Renato Soru.
2004: Renato Soru wird als Kandidat des Linksbündnisses Präsident der Region Sardinien.
2005: Nach einem Volksentscheid wird Sardinien in acht Provinzen neu gegliedert.
2006: Das Sardische wird offiziell neben Italienisch zweite Amtssprache Sardiniens.
2008: Die UNESCO nimmt den sardischen Hirtengesang „canto a tenore" in die Liste des immateriellen Kulturerbes der Welt auf.
2009: Ugo Cappellacci gewinnt als Kandidat des Mitte-Rechts-Bündnisses die Regionalwahlen und wird neuer Präsident Sardiniens.
2013: Im November verwüstet die schlimmste Überschwemmungskatastrophe in der jüngeren Geschichte Sardiniens Teile der Insel und fordert 16 Todesopfer.
2014: Francesco Pigliaru von der sozialdemokratischen Partito Democratico wird neuer Präsident. Die „Giganten vom Monte Prama", ein archäologischer Sensationsfund (siehe S. 97), werden nach siebenjähriger Restaurierung erstmals der Öffentlichkeit präsentiert.
2016: Erneute Neugliederung Sardiniens in nun vier Provinzen und eine Metropolitanstadt.

Aldo Nieddu, „Orgosolo – Der geheime Berg", Edizioni Poliedro, Nuoro. Großartiger Text- und Bildband des Barbagia-Kenners, der neben 17 Wanderungen durch die Barbagia die Natur und Kultur der Bergwelt und ihrer Bewohner sehr anschaulich und sachkundig beschreibt. 384 Seiten mit 650 Abbildungen und Karten. Die deutschsprachige Ausgabe ist unter www.supramonte.de erhältlich.
Salvatore Satta, „Der Tag des Gerichts", Insel Verlag, Berlin. Der 1902 in Nuoro geborene Schriftsteller beschreibt in diesem Roman das Leben und den Alltag seiner Heimat.
Hans-Ulrich Treichel, „Mein Sardinien", Suhrkamp Verlag, Berlin. Ein junger Doktorand reist mit Cristina, einer Sardin, in deren Heimat. Mit leisem Humor beschreibt Treichel in seiner autobiografisch gefärbten Liebesgeschichte etwa die „am besten im Süden zu habende" Mittagshitze als Stunde der Trägheit und der Wolllust: „Bei den alten Kirchenvätern sind beide unter dem Namen Acedia und Luxuria bekannt. Erstere zählt zu den sieben Hauptlastern. Letztere zu den sieben Hauptsünden. Was will man mehr."
Mario Verin, Das Buch des „Selvaggio Blu", Edizioni Enrico Spanu, Cagliari. Die Beschreibung des legendären „Selvaggio Blu", des spektakulärsten und landschaftlich eindrucksvollsten Trekkingpfads im Mittelmeerraum in Wort und Bild, verfasst vom Bergführer und Fotografen Mario Verin. Zum Buch gibt es eine Wanderkarte „Selvaggio Blu" im Maßstab 1:15.000. Buch und Karte in Deutsch unter www.sardinienshop.de erhältlich.

Medien

Auf Sardinien gibt es zwei große Tageszeitungen, die in Sassari herausgegebene **La Nuova Sardegna** (www.lanuovasardegna.gelocal.it) und die in Cagliari verlegte **L'Unione Sarda** (www.unionesarda.it). Wer etwas Italienisch beherrscht, der kann bei ihrem Studium sehr viel über Land und Leute, aktuelle Probleme und Diskussionen oder andere Hintergrundinformationen erfahren. Zudem findet man auch Veranstaltungskalender, Öffnungszeiten, Fahrpläne und anderes Nützliche mehr.

Notfall

Rettungsdienst (Ambulanza) Tel. 118
Polizei (Polizia) Tel. 113, Carabinieri Tel. 112
Forstpolizei (Guardia Forestale) Tel. 15 15
Zollpolizei (Guardia Financia) Tel. 117
Feuerwehr (Vigili del Fuoco) Tel. 115
Berg- und Höhlenrettung (Soccorso Alpino e Speleologico), Tel. 118 oder Funkzentrale Tel. 070 38 30 90

Öffnungszeiten

Banken Mo.–Fr. 8.30–13.00, 14.30–16.00 Uhr
Postämter 8.00/8.30–13.00, 16.00–18.30 Uhr
Läden und Geschäfte 8.30/9.00–13.00, 16.00/17.00–19.30/20.00 Uhr, in den touristischen

Orten in der Saison bis spät in die Nacht. In jedem größeren Ort haben am Samstagmorgen ein **Supermarkt** und eine **Bäckerei** geöffnet. **Staatliche Museen** sind generell Mo. geschl., **Tankstellen** im Sommer in der Regel Mo. bis Fr. von 7.30–12.30 und 15.30–19.30 geöffnet; im Winter 15.00–19.00 Uhr. Sa./So. haben nur wenige Stationen geöffnet. Fast alle Stationen sind mit Geldautomaten ausgerüstet, an denen man während der Schließzeiten mit Geldscheinen oder Geldkarte tanken kann.

Restaurants

Restauranttips finden Sie auf den jeweiligen Infoseiten.

Preiskategorien

€€€€	Menü	über 80	€
€€€	Menü	bis 80	€
€€	Menü	bis 50	€
€	Menü	10–20	€

Telefon/Internet

Beim **Telefonieren im Festnetz** muss auf Sardinien immer die Null der Vorwahl mitgewählt werden, auch bei innerörtlichen Gesprächen und Gesprächen aus dem Ausland.
Vorwahlen: Deutschland 0049, Österreich 0043, Schweiz 0041, Italien 0039.
Mobiltelefon: Sardinien ist wie ganz Italien ein absolutes Handyland. Ein „cellulare" hat jeder (mindestens eins, oft zwei oder drei). Viele besitzen gar keinen Festnetzanschluss mehr.
Telefonzellen sind selten geworden, sie funktionieren nur noch mit einer Telefonkarte (carta telefonica), die man an Kiosken, Tankstellen, Tabakläden, Bars und vielen anderen Stellen erhält. Wieder aufladbare Telefonkarten nennt man „Carta Telefonica ricaricabile."
Mobilfunk: Das eigene Mobiltelefon kann man problemlos benutzen. Die Netzabdeckung ist sehr gut. Dabei sind jedoch die jeweiligen Roamingaufschläge (etwa beim Überschreiten der festgelegten Fair-Use-Grenze) zu beachten, die von den Anbietern auch nach Abschaffung der Roaminggebühren in der EU ab Juni 2017 noch erhoben werden dürfen. Wer viel telefoniert und ein SIMlock-freies oder altes Handy besitzt, kauft sich am besten eine nationale SIM-Card. Diese ist gegen Vorlage des Personalausweises in allen Mobilfunk-Geschäften erhältlich und wird normalerweise innerhalb von 24 Std freigeschaltet. Die großen Mobilfunkanbieter neben der Telecom Italia sind Vodafone, TIM und Orange. Alle Anbieter offerieren sehr günstige, entweder zeitlich oder im Datenvolumen limitierte Flatrate-Angebote für Mobilfunk und Internet.
Tipp: Beim Kauf einer italienischen SIM-Card lassen Sie sich diese am besten direkt im Geschäft installieren und freischalten.

Trinkgeld

In Hotels, Bars und Restaurants ist das Trinkgeld meist im Preis enthalten, trotzdem schlägt man üblicherweise in Bars und Cafés etwa 10 bis 15 % auf den Rechnungsbetrag auf, in Restaurants gibt man je nach Zufriedenheit mit dem Service 5 bis 10 %. Der Gepäckjunge erhält in der Regel 1 bis 3 €, das Zimmermädchen wenigstens 5 € pro Woche. Im Taxi rundet man den Betrag auf. In Restaurants lässt man das Trinkgeld diskret im Schälchen liegen. Es gilt die Regel: ein Tisch, eine Rechnung.

Unterkunft

Tipps für die Unterkunft finden Sie auf den jeweiligen Infoseiten.

Preiskategorien

€€€€	Doppelzimmer	über 200 €
€€€	Doppelzimmer	150–200 €
€€	Doppelzimmer	100–150 €
€	Doppelzimmer	50–100 €

Agriturismo wird auf der ganzen Insel angeboten. Meist liegen die Adressen abseits in einsamer, oft überaus idyllischer Alleinlage und sind vielfach nur über unbefestigte Wege zu erreichen. Ein sardischer Agriturismo (siehe auch „Unsere Favoriten", S. 110/111) ist nicht zu verwechseln mit dem, was man in Deutschland unter „Urlaub auf dem Bauernhof" versteht. Im Agriturismo steht weniger das romantische Gehöft mit vielen Tieren im Mittelpunkt als das Essen. Die Qualität ist durchgehend sehr hoch, da meist nur Produkte vom eigenen Hof verwendet werden. Nirgendwo sonst kann man die traditionelle Küche besser kennenlernen als hier, denn hier kochen Oma und Mama für die persönlichen Gäste nach alten Hausrezepten. Es werden fast immer (überaus opulente) Menüs angeboten. Man schlemmt stundenlang. Auch Nicht-Hausgäste können im Agriturismo essen – nach Voranmeldung, da nur für eine bestimmte Personenzahl gekocht wird (www.agriturismodisardegna.it, www.agriturismo.it).
Bed & Breakfast gibt es praktisch in jedem Ort. Hier wohnt man fast immer im Privathaus des Gastgebers. Qualität und Ausstattung sind sehr unterschiedlich. Es werden jedoch immer mehr sehr schöne und gut ausgestattete Zimmer angeboten, die den Vergleich mit einem guten Hotel nicht zu scheuen brauchen. Ein B&B-Gesamtverzeichnis existiert leider nicht. Einzelne Verzeichnisse sind bei den Tourist-Informationen vor Ort erhältlich. Fündig wird man auch unter www.sardegnabb.eu und www.bed-breakfast-sardegna.com.
Camping: Auf Sardinien gibt es rund 100 meist gut ausgestattete Campingplätze (www.campingsardinien.de). Viele bieten auch Unterkunft in Bungalows an. Im Inselinneren findet man nur sehr wenige, einfach ausgestattete Campingplätze. Die meisten Plätze haben nur von Mai/Juni bis Sept/Okt. geöffnet. Ein Campingplatzverzeichnis mit detaillierten Angaben zu den Plätzen findet man auf der Seite des Sardischen Campingplatzverbandes FAITA Sardegna, (www.faitasardegna.it), bei dem auch kostenlos eine jährlich aktualisierte Campingkarte erhältlich ist.
Hotels: Je nach Saison schwanken die Zimmerpreise sehr stark. In der „Altissima Stagione",

Im Hafen von La Maddalena, dem Hauptort der gleichnamigen, vor der sardischen Nordostküste gelegenen Insel.

also der Hochsaison im August, liegen sie häufig um das Doppelte oder sogar Dreifache höher als in der Vor- und Nachsaison. Der aktuelle Preis sollte unbedingt vor der Buchung erfragt werden. Immer mehr Hotels gehen dazu über, gar keine festen Zimmerpreise mehr anzubieten, sondern diese jeweils nach Angebot und Nachfrage kurzfristig festzulegen. Dabei ist zu beachten, dass eine „Camera Doppia" ein Doppelzimmer mit zwei getrennten Betten meint. Wer ein Doppelbett/Französisches Bett wünscht, muss nach einer „Camera Matrimonio" fragen. Das Frühstück ist zwar meist, aber nicht immer im Preis inbegriffen.
Jugendherbergen (Ostello di Gioventù) findet man in San Priamo, Cagliari, Alghero und Castelsardo, Infos dazu unter www.aighostels.it.

Verhaltensregeln

Offenes Feuer ist auf Sardinien wegen der hohen Brandgefahr in den Monaten April bis Oktober strikt verboten! Zuwiderhandlungen werden mit sehr hohen Geldbußen bedroht.
Nacktbaden ist in Italien verboten. **Oben ohne** hat sich zwar durch die Italienerinnen vom Festland zwischenzeitlich auch auf Sardinien etabliert, aber nur in der Saison. Grundsätzlich sind hierbei Rücksichtnahme und Taktgefühl die besten Ratgeber. Sich als Frau mit bloßem Oberkörper in unmittelbarer Nähe einer sardischen Großfamilie zu sonnen, sollte das Taktgefühl verbieten.
Beim Besuch sakraler Stätten wie Kirchen, Klöster etc. sollten Schultern und Schenkel stets bedeckt sein. Auch in den Bergdörfern sollte frau sich nicht allzu freizügig kleiden. Wer hier zu tief blicken lässt, muss mit unzweideutigen Männerblicken rechnen.
Beim Wandern müssen Sie alle Gatter und Tore, die Sie öffnen, unbedingt hinter sich wieder schließen. Anderenfalls laufen den Bauern nämlich die Tiere weg. Quellbecken und Brunnen sind lebenswichtige Trinkwasserstellen für Mensch und Tier. Es dürfen auf keinen Fall Verunreinigungen wie Seifenlauge o. ä. eingebracht werden.
Beim Restaurantbesuch legt man in Sardinien wie in ganz Italien noch Wert auf eine entsprechende Kleidung. Im Badedress solten Sie also höchstens eine Strandbar aufsuchen und für Restaurants ebenso wie für Besuche von Theater, Oper oder Konzerten die entsprechende Garderobe mit im Reisegepäck haben.

Zeit

Auf Sardinien gilt wie im gesamten übrigen Italien auch die Mitteleuropäische Zeit (MEZ). April bis Sept ist Sommerzeit (MEZ + 1 Std).

Info

Wetterdaten

Cagliari

	Tages-Temp. Max.	Tages-Temp. Min.	Wasser-Temp.	Tage mit Niederschlag	Sonnenstunden pro Tag
Januar	12°	6°	12°	8	4
Februar	14°	6°	13°	8	5
März	16°	7°	14°	7	6
April	18°	9°	15°	6	7
Mai	22°	13°	17°	4	9
Juni	26°	16°	20°	2	10
Juli	29°	19°	23°	1	11
August	29°	19°	24°	1	10
September	27°	17°	23°	4	8
Oktober	23°	14°	21°	6	6
November	18°	10°	18°	8	5
Dezember	15°	7°	15°	8	4

Die Cala Coticcio auf der zum Maddalena-Archipel gehörenden Isola Caprera wird vor Ort „Cala Tahiti" genannt.

Register

Fette Ziffern verweisen auf Abbildungen

Impressum

2. Auflage 2017

Verlag: DuMont Reiseverlag, Postfach 3151, 73751 Ostfildern, Tel. 0711/45 02-0, Fax 0711/4502-135, www.dumontreise.de
Geschäftsführer: Dr. Thomas Brinkmann, Dr. Stephanie Mair-Huydts
Programmleitung: Birgit Borowski
Redaktion: Robert Fischer (www.vrb-muenchen.de)
Text: Peter Höh
Exklusiv-Fotografie: Christina Anzenberger-Fink & Toni Anzenberger
Titelbild: Andreas Strauß/Lookphotos (Steilküste am Golfo di Orosei)
Zusätzliches Bildmaterial: S. 21 l.o. mauritius images/Minkimo/Alamy, 21 u. Peter Höh, 51 o.l. Christina & Toni Anzenberger-Fink, 51 o.r. Christina & Toni Anzenberger-Fink, 81 o. Christina & Toni Anzenberger-Fink, 81 u.l. Christina & Toni Anzenberger-Fink, 110 mauritius images/adam eastland/Alam, 111 o.r. Christina & Toni Anzenberger-Fink, 111 u.r. Christina & Toni Anzenberger-Fink
Vektorgrafiken: istock (S. 20, 21, 110 r.), iStockphoto (S. 5 + 41, 50, 110 l.)
Grafische Konzeption, Art Direktion, Layout: fpm factor product münchen
Cover Gestaltung: Neue Gestaltung, Berlin
Kartografie: © MAIRDUMONT GmbH & Co. KG, Ostfildern
Kartografie Lawall (Karten für „Unsere Favoriten")
DuMont Bildarchiv: Marco-Polo-Straße 1, 73760 Ostfildern, Tel. 0711/4502-266, Fax 0711/4502-1006, bildarchiv@mairdumont.com

Anzeigenvermarktung: MAIRDUMONT MEDIA, Tel. 0711 450 20, Fax 0711 45 02 10 12, media@mairdumont.com, http://media.mairdumont.com
Vertrieb Zeitschriftenhandel: PARTNER Medienservices GmbH, Postfach 810420, 70521 Stuttgart, Tel. 0711 72 52-212, Fax 0711 72 52-320
Vertrieb Abonnement: Leserservice DuMont Bildatlas, Zenit Pressevertrieb GmbH, Postfach 810640, 70523 Stuttgart, Tel. 0711 7252-265, Fax 0711 7252-333, dumontreise@zenit-presse.de
Vertrieb Buchhandel und Einzelhefte: MAIRDUMONT GmbH & Co. KG, Marco-Polo-Straße 1, 73760 Ostfildern, Tel. 0711 45 02 0, Fax 0711 45 02 340
Reproduktionen: PPP Pre Print Partner GmbH & Co. KG, Köln
Druck und buchbinderische Verarbeitung:
NEEF + STUMME premium printing GmbH & Co. KG, Wittingen, Printed in Germany

FSC®
www.fsc.org
MIX
Papier aus verantwortungsvollen Quellen
FSC® C001857

Nicht nur wegen der tollen Lage am Meer und des imposanten Opernhauses: Sydney ist eine der schönsten Städte der Welt.

Eine von Berlins Vorzeigeansichten, der Blick auf Bode-Museum und Fernsehturm im Hintergrund.

Australien
Osten · Sydney

Faszination Down Under
An der Ostküste zeigt sich Australien in seiner ganzen Vielfalt: die Skala reicht vom tropischen Norden, über einsame Sandstrände bis zu den Weiten des Outback – ja, und dann ist da noch die Millionenmetropole Sydney.

Kleine Inselparadiese
Rund 700 Eilande ragen aus dem Great Barrier Reef auf, nur zwei Dutzend sind touristisch erschlossen, und die zehn schönsten Inselresorts stellen wir vor.

Wanderglück ist garantiert
Die beste Art sich dem Uluru, dem Ayers Rock, zu nähern, ist zu Fuß, folgen Sie unseren Wandervorschlägen!

Berlin

Große Kunst
Erwartet Sie in den Berliner Museen, nicht nur in jenen fünf, die auf der Museumsinsel liegen und von der UNESCO zum Welterbe gekürt wurden.

Die Hauptstadt anders erleben
Wie wäre es mit einer Rikscha-Tour durch das historische Berlin, mit einer Rundfahrt im Trabi oder mit einer Führung durch die Unterwelt?

Das hippe Berlin
Prenzlauer Berg, Kreuzberg, Friedrichshain und Neukölln, hier trifft sich heute die Szene! Wir verraten Ihnen, welche Clubs und Bars gerade angesagt sind.

www.dumontreise.de

Lieferbare Ausgaben

DEUTSCHLAND
119 Allgäu
092 Altmühltal
105 Bayerischer Wald
180 Berlin
162 Bodensee
175 Chiemgau, Berchtesg. Land
013 Dresden, Sächs. Schweiz
152 Eifel, Aachen
157 Elbe und Weser, Bremen
125 Erzgebirge, Vogtland
168 Franken
020 Frankfurt, Rhein-Main
112 Freiburg, Basel, Colmar
028 Hamburg
026 Hannover zw. Harz u. Heide
042 Harz
062 Hunsrück, Naheland, Rheinhessen
023 Leipzig, Halle, Magdeburg
131 Lüneburger Heide, Wendland
133 Mecklenburgische Seen
038 Mecklenburg-Vorpommern
033 Mosel
114 München
047 Münsterland
015 Nordseeküste Schleswig-Holstein
006 Oberbayern
161 Odenwald, Heidelberg
035 Osnabrücker Land, Emsland
002 Ostfriesland, Oldenb. Land
164 Ostseeküste Mecklenburg-Vorpommern
154 Ostseeküste Schleswig-Holstein
136 Pfalz
040 Rhein zw. Köln und Mainz
185 Rhön
116 Rügen, Usedom, Hiddensee
137 Ruhrgebiet
149 Saarland
182 Sachsen
081 Sachsen-Anhalt
117 Sauerland, Siegerland
159 Schwarzwald Norden
045 Schwarzwald Süden
018 Spreewald, Lausitz
008 Stuttgart, Schwäbische Alb
141 Sylt, Amrum, Föhr
142 Teutoburger Wald
170 Thüringen
037 Weserbergland
173 Wiesbaden, Rheingau

BENELUX
156 Amsterdam
011 Flandern, Brüssel
179 Niederlande

FRANKREICH
177 Bretagne
021 Côte d'Azur
032 Elsass
009 Frankreich Süden Languedoc-Roussillon
019 Korsika
071 Normandie
001 Paris
115 Provence

GROSSBRITANNIEN/IRLAND
063 Irland
130 London
138 Schottland
030 Südengland

ITALIEN/MALTA/KROATIEN
181 Apulien, Kalabrien
017 Gardasee, Trentino
110 Golf von Neapel, Kampanien
163 Istrien, Kvarner Bucht
128 Italien, Norden
005 Kroatische Adriaküste
167 Malta
155 Oberitalienische Seen
158 Piemont, Turin
014 Rom
165 Sardinien
003 Sizilien
140 Südtirol
039 Toskana
091 Venedig, Venetien

GRIECHENLAND/ ZYPERN/TÜRKEI
034 Istanbul
016 Kreta
176 Türkische Südküste, Antalya
148 Zypern

MITTEL- UND OSTEUROPA
104 Baltikum
094 Danzig, Ostsee, Masuren
169 Krakau, Breslau, Polen Süden
044 Prag
085 St. Petersburg
145 Tschechien

ÖSTERREICH/SCHWEIZ
129 Kärnten
004 Salzburger Land
139 Schweiz
144 Tirol
147 Wien

SPANIEN/PORTUGAL
043 Algarve
093 Andalusien
150 Barcelona
025 Gran Canaria, Fuerteventura, Lanzarote
172 Kanarische Inseln
124 Madeira
174 Mallorca
007 Spanien Norden, Jakobsweg
118 Teneriffa, La Palma, La Gomera , El Hierro

SKANDINAVIEN/NORDEUROPA
166 Dänemark
153 Hurtigruten
029 Island
099 Norwegen Norden
178 Norwegen Süden
151 Schweden Süden, Stockholm

LÄNDERÜBERGREIFENDE BÄNDE
123 Donau – Von der Quelle bis zur Mündung
112 Freiburg, Basel, Colmar

AUSSEREUROPÄISCHE ZIELE
010 Ägypten
183 Australien Osten, Sydney
109 Australien Süden, Westen
024 Dubai, Abu Dhabi, VAE
160 Florida
036 Indien
027 Israel
111 Kalifornien
031 Kanada Osten
064 Kanada Westen
171 Kuba
022 Namibia
068 Neuseeland
041 New York
184 Sri Lanka
048 Südafrika
012 Thailand
046 Vietnam